FAIT MAISON N°4

par
CYRIL LIGNAC

45 recettes du quotidien

rapides & faciles

Éditions
de La Martinière

« Fait maison » est de retour !

Découvre avec moi ces 45 nouvelles recettes maison et ultrafaciles, toutes réalisées dans ma cuisine pendant l'hiver.

Désormais, la cuisine est au cœur de notre quotidien et je suis certain que tu as pris du plaisir à dire : « C'est moi qui l'ai fait ! » Gardons cette belle énergie et continuons de cuisiner ensemble à la maison.

De bons ingrédients, des conseils précieux et, hop, le tour est joué ! Le déjeuner ou le dîner est rapidement prêt à être dégusté en solo, en duo, en famille ou entre amis.

On va se régaler !

Cyril Lignac

SALÉ

SUCRÉ

Vinaigrette

FAIT MAISON
SALÉ

SALADE DE CHÈVRE CHAUD, POMME, KIWI, PAMPLEMOUSSE

TEMPS DE PRÉPARATION : 20 MINUTES - TEMPS DE CUISSON : 5 MINUTES

POUR 4 PERSONNES

200 g de fromage de chèvre frais
40 g de farine
4 jaunes d'œufs bio
+ 1 cuil. à soupe d'eau
60 g de chapelure
1 pomme à croquer
1 kiwi
1 pamplemousse
100 g de raisin frais
½ fenouil
1 salade au choix
Huile de pépins de raisin
Fleur de sel, sel et poivre du moulin

Pour la vinaigrette :
1 cuil. à café de moutarde
2 cuil. à café de miel
4 cuil. à soupe d'huile d'olive
3 cuil. à soupe de vinaigre balsamique blanc

ÉTAPE 1
Dans un bol, verse la moutarde, le miel, l'huile d'olive et le vinaigre balsamique blanc. Réserve.

ÉTAPE 2
Prépare 3 assiettes creuses avec la farine, les jaunes d'œufs battus avec l'eau et la chapelure.
Dans un petit saladier, verse le fromage de chèvre, assaisonne avec du sel et du poivre. Forme des boules régulières, roule-les dans la farine, puis dans les jaunes d'œufs et enfin dans la chapelure.

ÉTAPE 3
Lave et coupe les feuilles de salade. Lave la pomme et le raisin. Lave et épluche le kiwi. Coupe le kiwi en tranches, la pomme en fins quartiers, et chaque grain de raisin en deux. Épluche et taille en segments le pamplemousse. Garde le jus de pamplemousse et ajoute-le à la vinaigrette de l'étape 1. Lave le fenouil, coupe-le en deux et passe-le à la mandoline. Plonge les lamelles dans un bain d'eau avec des glaçons.

ÉTAPE 4
Fais frire les boules de chèvre dans l'huile de pépins de raisin 1 à 2 minutes à 180 °C et égoutte-les sur une feuille de papier absorbant.

ÉTAPE 5
Dans un grand plat, dépose les feuilles de salade, ajoute les quartiers fins de pomme et les tranches de kiwi, le fenouil et les segments de pamplemousse, assaisonne avec la vinaigrette, de la fleur de sel et du poivre du moulin. Dépose dessus les boules de chèvre frites. Termine avec les demi-grains de raisin.

POIREAUX VINAIGRETTE AU CURRY, YAOURT ACIDULÉ

TEMPS DE PRÉPARATION : 10 MINUTES - TEMPS DE CUISSON : 6 MINUTES

POUR 4 PERSONNES

200 g de poireaux
(de petit calibre)
1 oignon nouveau
1 cuil. à café de gros sel
4 cl de vinaigre balsamique blanc
8 cl d'huile d'olive
8 g de curry madras en poudre
60 g de yaourt grec
Le jus d'1 citron jaune non traité
Coriandre (facultatif)
Huile d'olive
Sel fin et poivre du moulin

ÉTAPE 1

Épluche et émince finement l'oignon. Réserve-le. Lave bien les poireaux et fais-les cuire en botte à l'eau bouillante 6 minutes avec le gros sel. Au terme de la cuisson, égoutte-les et plonge-les dans un bain d'eau glacée. Ne laisse pas trop longtemps les poireaux pour éviter qu'ils se gorgent d'eau. Place-les sur une feuille de papier absorbant.

ÉTAPE 2

Dans un saladier, verse en mélangeant le vinaigre avec l'huile d'olive et le curry. Réserve. Dans un plat, dépose les poireaux, assaisonne-les avec cette vinaigrette. Sale.

ÉTAPE 3

Dans un ramequin, mélange le yaourt grec avec 1 cuillerée à soupe d'huile d'olive et le jus de citron. Assaisonne avec du sel fin et du poivre.

ÉTAPE 4

Dans les assiettes, dépose le yaourt et par-dessus les poireaux vinaigrette. Ajoute les feuilles de coriandre et l'oignon nouveau émincé.

CONSEIL

Tu peux remplacer les poireaux par des petits pois, ou encore des brocolis ou des edamame si tu aimes.

CREVETTES COCKTAIL, AVOCAT, FRUITS ET CÉLERI

TEMPS DE PRÉPARATION : 35 MINUTES - TEMPS DE CUISSON : 7 MINUTES

POUR 4 PERSONNES

16 crevettes roses
1 cuil. à café de grains de poivre
1 feuille de laurier
1 branche de thym frais
1 petite salade feuille-de-chêne
2 avocats Haas
1 pamplemousse rose
1 mangue avion
1 petit ananas
1 branche de céleri
5 cl de vinaigre balsamique blanc
Huile d'olive
1 cuil. à soupe de gros sel de cuisine
Fleur de sel, poivre du moulin

Pour la mayonnaise cocktail :
4 cuil. à soupe de mayonnaise bien ferme
3 cuil. à soupe de ketchup
1 cuil. à café de sauce Worcestershire
Le jus d'½ citron jaune non traité
Sel fin et poivre du moulin

ÉTAPE 1
Dans une casserole d'eau bouillante salée, plonge les grains de poivre, le thym, le laurier, puis mets les crevettes et laisse-les cuire à petit frémissement 7 minutes. Au terme de la cuisson, égoutte-les à l'aide d'une écumoire et dépose-les dans un plat, laisse-les refroidir, puis décortique-les et retire, à l'aide d'un petit couteau, le boyau noir en fendant le dessus du dos. Coupe ensuite les queues de crevette en deux dans la largeur. Réserve-les au frais.

ÉTAPE 2
Lave la salade et effeuille-la, puis essore-la délicatement. Coupe les avocats en deux, plante la lame de ton couteau dans le noyau : tape sur le manche de ton couteau le long de ton évier d'un coup sec, cela fera tomber le noyau en toute sécurité. N'essaie pas de l'enlever avec ta main. Épluche à la main les moitiés d'avocat et coupe-les en cubes : en 4 tranches d'abord, puis encore en 6 de l'autre côté. Épluche le pamplemousse à vif et sépare les segments, épluche également la mangue et l'ananas en retirant tous les yeux dans la chair et coupe les fruits en gros dés. Émince finement le céleri en lamelles. Réserve tous les fruits et le céleri dans des bols séparés.

ÉTAPE 3
Dans un saladier, mélange la mayonnaise avec le ketchup, la sauce Worcestershire et le jus de citron, sale et poivre. Verse-la dans une poche sans douille.

ÉTAPE 4
Dans un grand plat, dépose la salade, le pamplemousse, les crevettes, l'avocat, la mangue, l'ananas et le céleri, assaisonne avec de l'huile d'olive et le vinaigre balsamique blanc, sale à la fleur de sel et poivre. Ajoute des points de mayonnaise à la poche ou sers-la à part.

VELOUTÉ DE POTIMARRON AUX AMANDES

TEMPS DE PRÉPARATION : 15 MINUTES - TEMPS DE CUISSON : 25 MINUTES

POUR 4 PERSONNES

500 g de potimarron
1 petit oignon
2 cuil. à soupe d'amandes effilées
Quelques feuilles de coriandre
1 cuil. à café de cumin en poudre
1,5 litre de bouillon cube
3 cuil. à soupe de crème fraîche
15 g de beurre
Sel fin et poivre du moulin

ÉTAPE 1

Épluche l'oignon et cisèle-le finement.
Coupe le potimarron lavé en deux, puis encore en deux. Retire les pépins à l'aide d'une cuillère, taille la peau au couteau et coupe la chair en morceaux. Réserve-les séparément.

ÉTAPE 2

Fais toaster les amandes au four pendant 10 minutes à 180 °C, bien étalées sur une plaque à pâtisserie. Laisse-les refroidir au terme de la cuisson.
Lave les feuilles de coriandre et fais-les sécher sur une feuille de papier absorbant, effeuille-les et réserve-les sur une feuille de papier absorbant humide, dans un ramequin.

ÉTAPE 3

Dans une casserole, fais chauffer le beurre et fais suer l'oignon sans coloration, ajoute les morceaux de potimarron, mélange et assaisonne avec du sel, du poivre et le cumin. Continue à cuire quelques minutes et verse du bouillon à hauteur, puis laisse cuire 15 minutes. Si le bouillon baisse et que le potimarron n'est pas cuit, rajoute un peu de bouillon. Arrête le feu.

ÉTAPE 4

Verse la crème fraîche, mixe dans la casserole à l'aide d'un mixeur plongeant.
Répartis dans des bols ou des assiettes creuses et, au moment de servir, parsème d'amandes effilées et de feuilles de coriandre.

CONSEIL

Si tu n'as pas d'amandes, tu peux les remplacer par des noisettes, noix de cajou ou autres fruits à coque concassés.

CONSEIL :
Tu peux utiliser du fromage
de chèvre frais ou
même de la crème fraîche.

VELOUTÉ DE CHAMPIGNONS INFUSÉ À LA MARJOLAINE

TEMPS DE PRÉPARATION : 15 MINUTES - TEMPS DE CUISSON : 30 MINUTES

POUR 4 PERSONNES

300 g de champignons de Paris
1 échalote
50 g de noisettes entières
12,5 cl de crème liquide entière à 35 % de MG
Quelques feuilles de marjolaine fraîche
75 cl de bouillon de volaille (1 cube de bouillon dans 75 cl d'eau)
50 g de fromage frais
1 citron jaune non traité
10 g de beurre
Huile d'olive
Sel fin et poivre du moulin

ÉTAPE 1

Épluche l'échalote et cisèle-la finement. Coupe les pieds terreux, lave les champignons et taille-les en quartiers. Réserve-les séparément.

ÉTAPE 2

Fais toaster les noisettes au four pendant 5 minutes à 190 °C, bien étalées sur une plaque à pâtisserie. Laisse-les refroidir au terme de la cuisson, puis concasse-les au couteau. Monte la crème froide en chantilly dans un saladier bien froid et réserve-la au frais.

ÉTAPE 3

Dans une casserole chaude, verse un trait d'huile d'olive et le beurre et fais suer l'échalote sans coloration, ajoute les champignons, mélange, sale, poivre et jette les feuilles de marjolaine, que tu peux attacher entre elles avec une ficelle, et continue à cuire.
Verse le bouillon et laisse cuire 15 minutes à feu doux.

ÉTAPE 4

Mixe le tout dans la casserole à l'aide d'un mixeur plongeant, ou dans un blender sans les herbes, avec le fromage frais.

ÉTAPE 5

Répartis dans des bols ou des assiettes creuses, ajoute au moment de servir 1 cuillerée à soupe de chantilly et parsème de noisettes concassées. Zeste le citron avec la Microplane®.

CONSEILS

• Si tu n'as pas de noisettes, tu peux les remplacer par des amandes, noix de cajou ou autres fruits à coque concassés.

• Tu peux aussi faire un bouillon de volaille infusé à la marjolaine à l'avance et le passer à la passette fine, puis mouiller ton velouté. Si tu n'as pas de marjolaine, tu peux faire infuser des algues (kombu, wakamé) ou des herbes (mélisse, origan, menthe, coriandre, estragon), mais aussi des zestes d'agrumes prélevés à l'économe.

FIGUES EN SALADE, BURRATA ET SÉSAME

TEMPS DE PRÉPARATION : 10 MINUTES

POUR 4 PERSONNES

200 g de burrata stracciatella
12 figues de Solliès
12 grains de raisin rose sans pépins
Quelques feuilles de menthe
Quelques graines de sésame
Fleur de sel et poivre du moulin

Pour la vinaigrette au sésame :
1 cuil. à soupe de vinaigre balsamique blanc
3 cuil. à soupe d'huile de sésame grillé

ÉTAPE 1

Dans un petit saladier, mélange le vinaigre balsamique blanc et l'huile de sésame. Réserve.
Torréfie les graines de sésame dans une poêle à sec pendant 1 à 2 minutes sur feu moyen.

ÉTAPE 2

Lave, équeute et coupe les figues en quartiers.
Lave également les grains de raisin et taille-les en deux.
Cisèle la menthe.

ÉTAPE 3

Dans les assiettes, dépose la burrata stracciatella, assaisonne avec du poivre et de la fleur de sel, ajoute les figues et les raisins. Verse quelques cuillerées à soupe de vinaigrette, assaisonne de nouveau avec de la fleur de sel et du poivre, parsème de graines de sésame torréfiées et de menthe ciselée.

CONSEIL

N'oublie pas de sortir le fromage du réfrigérateur un peu à l'avance, il est meilleur à température ambiante.

ASPERGES VERTES CARAMÉLISÉES AU MISO

TEMPS DE PRÉPARATION : 15 MINUTES - TEMPS DE CUISSON : 10 MINUTES

POUR 4 PERSONNES

16 asperges vertes
1 cuil. à soupe de noisettes
1 morceau d'algue kombu
1 citron vert non traité

Pour la vinaigrette au sésame :
1 morceau de gingembre frais de 4 cm
2 cuil. à soupe d'huile de sésame grillé
2 cuil. à soupe de vinaigre de riz
2 cuil. à soupe de sauce soja
1 cuil. à soupe de moutarde

Pour la marinade miso :
125 g de miso blanc
30 g de sucre en poudre
4 cl de vin blanc doux

CONSEILS

• Si tu as du mirin et du saké, ajoute 3 cl de mirin dans la marinade (tu mettras alors seulement 12 g de sucre) et tu peux remplacer le vin blanc par 3 cl de saké.

• Tu peux faire cette recette avec du poisson, des tomates, de l'avocat, des champignons, de la viande, de l'aubergine.

ÉTAPE 1

Retire toutes les petites feuilles qui se trouvent sur les asperges, puis coupe 2 à 3 cm de l'extrémité de l'asperge, la partie dure est généralement marron-beige. Essaie de les couper toutes de la même taille pour que cela soit bien régulier.

ÉTAPE 2

Concasse les noisettes et fais-les toaster sur une plaque au four 5 minutes à 190 °C. Réserve-les.
Mélange dans un saladier l'huile de sésame, le vinaigre de riz, la sauce soja et la moutarde. Garde de côté.
Dans une casserole, fais chauffer le vin blanc, ajoute le sucre, mélange, verse sur le miso dans un saladier et réserve.

ÉTAPE 3

Porte à ébullition une casserole d'eau avec l'algue kombu qui fera office de sel. Plonge les asperges au moins 5 minutes. Pour tester la cuisson, récupères-en une avec une écumoire ou une araignée et pique-la avec la lame d'un couteau d'office, si elle rentre facilement dans la chair, c'est que les asperges sont cuites.

ÉTAPE 4

Dépose les asperges égouttées dans un plat, verse de la vinaigrette au sésame et nappe de sauce miso. Caramélise les asperges, soit au four en mode gril à 240 °C pendant 4 minutes, soit au chalumeau. Dépose-les ensuite dans les assiettes ou un plat de service, parsème de noisettes concassées et râpe un peu de citron vert à l'aide d'une Microplane®.

CONSEIL :

Si ta sauce tourne, c'est-à-dire que le beurre tranche (se dissocie), verse un peu d'eau froide et continue à fouetter hors du feu. Ajoute 3 cuillerées à soupe de crème montée, pour une crème mousseline.

ŒUF MOLLET, SAUCE HOLLANDAISE ET PANCAKE AU SARRASIN

TEMPS DE PRÉPARATION : 20 MINUTES - TEMPS DE REPOS : 20 MINUTES
TEMPS DE CUISSON : 15 MINUTES

POUR 4 PERSONNES

Pour l'œuf mollet :
6 œufs bio
1 petit pot d'œufs de truite
Quelques brins d'aneth
Poivre du moulin

Pour le pancake au sarrasin :
62 g de farine de blé
62 g de farine de sarrasin
1 cuil. à café de levure chimique
2 cuil. à soupe de sucre en poudre
+ 1 cuil. à soupe pour les blancs
1 pincée de sel fin
1 gousse de vanille
2 œufs bio
15 cl de lait demi-écrémé
Huile neutre

Pour la sauce hollandaise :
2 jaunes d'œufs bio à température ambiante
2 cl d'eau
Le jus d'1 citron jaune non traité
360 g de beurre fondu
Sel fin et poivre du moulin

ÉTAPE 1

Dans un saladier, mélange les farines, la levure, le sucre, le sel et la pulpe de la gousse de vanille. Sépare les blancs des jaunes d'œufs. Dans un second bol, fouette les jaunes d'œufs avec le lait, verse dans la première préparation et mélange, tu obtiendras une pâte lisse, laisse-la reposer 15 à 20 minutes. Bats ensuite les blancs d'œufs en neige et sers-les avec 1 cuillerée à soupe de sucre. Incorpore-les délicatement à la préparation à l'aide d'une maryse.

ÉTAPE 2

Prépare la sauce hollandaise : dans une petite casserole, verse les jaunes d'œufs avec l'eau, commence à fouetter, sur feu doux. Il ne faut pas que ce soit trop chaud, les jaunes d'œufs doivent mousser sans cuire. Quand ils sont bien mousseux, verse 1 cuillerée à soupe de jus de citron, continue à monter la sauce à l'aide de ton batteur à main en versant en filet le beurre préalablement fondu et tiédi. Sale et poivre à la fin de la cuisson. Si cela manque d'acidité, rajoute quelques gouttes de jus de citron.

ÉTAPE 3

Fais cuire les œufs mollets 6 minutes dans une casserole d'eau bouillante. Égoutte-les et plonge-les dans un bain d'eau avec quelques glaçons. Écale-les tout de suite délicatement dans l'eau pour éviter qu'ils refroidissent trop. Réserve.

ÉTAPE 4

Dans une poêle chaude, passe un peu d'huile, verse 1 à 2 cuillerées de pâte à pancakes et fais colorer des deux côtés. Réserve sur un plat.

ÉTAPE 5

Dépose 3 pancakes par assiette, creuse un trou à l'intérieur ou appuie avec ton doigt, dépose dessus les œufs mollets coupés en deux, poivre-les, couvre d'1 cuillerée à soupe de sauce hollandaise réchauffée, puis 1 cuillerée à café d'œufs de truite et décore de quelques brins d'aneth.

CONSEIL :

Si tu as d'autres légumes, comme du céleri-rave, du navet, du poireau, tu peux aussi les mettre dans la cuisson des lentilles ou les remplacer.

SALADE DE LENTILLES À LA CANNELLE, ŒUF MOLLET FRIT

TEMPS DE PRÉPARATION : 35 MINUTES - TEMPS DE CUISSON : 50 MINUTES

POUR 4 PERSONNES

Pour la salade de lentilles :

120 g de lentilles vertes du Puy
1 petite carotte
1 petit oignon
1 gousse d'ail
1 branche de céleri
1 branche de thym
1 feuille de laurier
10 g de gingembre frais
1 bâton de cannelle
1 étoile de badiane
1 litre de bouillon de volaille
10 g de beurre
Huile d'olive
Sel fin et poivre du moulin

Pour l'assaisonnement :

3 cuil. à soupe d'huile d'olive
1 cuil. à soupe de vinaigre de Xérès
Quelques feuilles de coriandre fraîche
1 cuil. à soupe de cacahuètes grillées salées
Sel fin et poivre du moulin

Pour les œufs frits :

4 + 1 œufs bio
50 g de chapelure de pain
50 g de farine
Huile neutre pour frire
Sel fin et poivre du moulin

ÉTAPE 1

Épluche la carotte, l'oignon et l'ail. Taille la carotte et le céleri en petits cubes. Cisèle finement l'oignon. Dans une sauteuse, verse un trait d'huile d'olive et le beurre, laisse-le fondre, ajoute l'oignon, la carotte, le céleri, mélange sans colorer. Ajoute l'ail dégermé et non haché. Verse les lentilles, le thym, le laurier et le gingembre épluché et coupé en deux. Ne sale pas car cela empêcherait la bonne cuisson des lentilles. Verse le bouillon, la cannelle et la badiane, laisse cuire 40 à 45 minutes.
Verse du bouillon si besoin au cours de la cuisson. Sale et poivre à la fin de la cuisson, égoutte les lentilles et réserve-les dans un saladier à température ambiante si c'est pour le jour même, au frais pour le lendemain.

ÉTAPE 2

Dans une casserole d'eau bouillante, plonge les 4 œufs 6 minutes. Plonge-les dans un saladier d'eau avec quelques glaçons. Écale-les et dépose-les sur du papier absorbant.

ÉTAPE 3

Assaisonne les lentilles avec l'huile d'olive, le vinaigre de Xérès, du sel et du poivre. Émince finement les feuilles de coriandre. Concasse les cacahuètes. Réserve le tout dans des bols.

ÉTAPE 4

Dans une casserole, fais chauffer l'huile neutre. Roule les œufs mollets dans la farine, puis dans l'œuf battu assaisonné, et enfin dans la chapelure. Plonge-les délicatement dans l'huile chaude à l'aide de l'araignée.
La chapelure doit croustiller et les œufs devenir dorés, la manipulation doit être rapide, les œufs doivent rester mollets.

ÉTAPE 5

Mélange la salade de lentilles avec la coriandre et les cacahuètes. Sers-la avec les œufs frits.

MOULES GRATINÉES

TEMPS DE PRÉPARATION : 20 MINUTES - TEMPS DE CUISSON : 6 MINUTES

POUR 4 PERSONNES

12 à 16 moules par personne
1 verre de vin blanc
1 brin de thym frais
½ oignon
Huile d'olive

Pour le beurre persillé :
300 g de beurre doux pommade
¼ de botte de persil
75 g d'ail
5 g de sel fin
100 g de chapelure

ÉTAPE 1

Hache finement le persil et l'ail séparément.
Dans un saladier, mélange le beurre pommade avec le persil, l'ail, le sel fin et la chapelure, forme un rouleau de 3 cm de diamètre, enroule-le en serrant dans un film alimentaire, ferme en pressant les bords et dépose au congélateur si tu as un peu de temps. Si tu fais la recette le jour même, laisse le beurre dans le saladier.

ÉTAPE 2

Dans une casserole, verse un trait d'huile d'olive, ajoute les moules ébarbées, le vin blanc, le thym et le demi-oignon coupé en quatre, mélange et couvre 2 minutes à feu vif pour que les moules s'ouvrent. Quand elles sont ouvertes, transvase-les dans une passoire sur un saladier et garde uniquement celles qui sont dans leur coquille (ou remets chaque mollusque décoquillé dans une coquille).
Dépose les moules dans un plat, sur une feuille de papier d'aluminium froissée pour les faire tenir droites.

ÉTAPE 3

Préchauffe le four en mode gril à 240 °C.
Coupe le beurre persillé en lamelles s'il est congelé et dépose-les sur chaque moule ou étale-le à l'aide d'une petite spatule. Enfourne sous le gril pour 4 minutes jusqu'à ce que ce soit bien gratiné.

ÉTAPE 4

Transvase les moules dans des assiettes tièdes, en cercle avec la pointe à l'intérieur, verse le beurre de cuisson dessus et sers aussitôt, avec des tranches de pain frais si tu veux.

CONSEIL

Passe le jus de cuisson des moules dans un linge au-dessus d'un petit récipient, ce filtre gardera le sable, et garde le jus pour une autre recette, par exemple un velouté ou des pâtes *alle vongole*.

SAUMON GRAVLAX, VINAIGRETTE À L'ANETH

TEMPS DE PRÉPARATION : 20 MINUTES - TEMPS DE MARINADE : 20 MINUTES

POUR 4 PERSONNES

Pour le saumon gravlax :

1 morceau de saumon d'Écosse Label Rouge® de 250 g minimum
½ botte d'aneth
250 g de gros sel de Guérande
80 g de sucre semoule
1 citron jaune non traité
1 cuil. à café de baies roses
1 cuil. à café de graines de coriandre

Pour la vinaigrette à l'aneth :

¼ de botte d'aneth
6 cuil. à soupe d'huile d'olive
2 cuil. à soupe de vinaigre de Xérès
Sel fin et poivre du moulin

Pour l'accompagnement :

¼ de fenouil
1 clémentine

ÉTAPE 1

Retire les arêtes dans le morceau de saumon, retire la peau à l'aide d'un couteau filet de sole et le gris qui reste sur le dos. Passe le saumon sous un filet d'eau froide et dépose-le sur une feuille de papier absorbant.

ÉTAPE 2

Sur ta planche, hache les brins d'aneth. Dans un saladier, mélange le gros sel avec le sucre, le zeste de citron prélevé à la Microplane®, les baies roses et les graines de coriandre concassées, ajoute l'aneth. Dépose le morceau de saumon sans la peau sur une feuille de film alimentaire et enrobe-le bien du mélange, enroule le tout dans le film et dépose au frais 20 minutes.
Au terme de la marinade, retire le film, passe le poisson sous un filet d'eau froide, dépose-le sur un papier absorbant et laisse-le au frais pour qu'il sèche.

ÉTAPE 3

Pèle la clémentine à vif et taille les segments.
Taille le fenouil en lamelles très fines à l'aide de la mandoline et plonge-les dans un bain d'eau froide avec des glaçons, laisse quelques minutes.

(suite de la recette) **SAUMON GRAVLAX, VINAIGRETTE À L'ANETH**

ÉTAPE 4

Réserve quelques brins d'aneth pour la décoration finale et hache le reste bien lavé et effeuillé, dépose dans un bol, verse l'huile d'olive et le vinaigre de Xérès, assaisonne avec du sel et du poivre. Réserve la vinaigrette.

ÉTAPE 5

Coupe le saumon en tranches de 0,5 cm et étale-les dans les assiettes. Dépose les lamelles de fenouil bien égouttées sur une feuille de papier absorbant, les morceaux de clémentine harmonieusement dans les assiettes, assaisonne de vinaigrette à l'aneth et décore de quelques brins d'aneth.

CONSEIL

Tu peux varier les herbes et les épices selon tes goûts.

PAIN CROUSTILLANT JAMBON-FROMAGE

TEMPS DE PRÉPARATION : 10 MINUTES - TEMPS DE CUISSON : 30 MINUTES

POUR 4 PERSONNES

1 petit pain de mie entier
8 tranches de jambon blanc
16 tranches de fromage très fines
40 g de beurre

ÉTAPE 1

Préchauffe ton four à 170 °C. Fais fondre le beurre au micro-ondes.
Coupe le pain de mie en tranches d'1 cm de large sans aller jusqu'au bout : laisse 2 cm pour le tenir au fond.
Coupe les tranches de jambon et plie-les de la taille des tranches de pain de mie. Coupe ou plie les tranches de fromage de la même taille que les tranches de jambon pliées.

ÉTAPE 2

Sur une grande feuille de papier d'aluminium, dépose ton pain de mie coupé et, entre chaque creux de tranches de pain de mie, dépose 1 tranche de jambon et 1 tranche de fromage. Enferme le pain dans la feuille d'aluminium en laissant ouvert sur le dessus.
Mets-le dans un moule à cake. Nappe de beurre fondu.
Enfourne pour 30 minutes.

ÉTAPE 3

Au terme de la cuisson, vérifie que le pain est bien croustillant. Dépose-le sur une grille, attends quelques minutes, puis démoule-le délicatement en t'aidant de la feuille d'aluminium. Place le pain croustillant sur une assiette, sers-toi comme un croque.

CONSEILS

• Tu peux faire la même recette avec une brioche. Tu peux aussi utiliser du poulet et tous les fromages que tu aimes. Ici, j'ai choisi de la scamorza fumée.

• En été, prépare ce pain avec de la mozzarella et des tomates et, à la sortie du four, nappe-le de pesto.

GAUFRE À LA CRÈME AU CITRON ET CIBOULETTE

TEMPS DE PRÉPARATION : 12 MINUTES - TEMPS DE CUISSON : 20 MINUTES

POUR 4 PERSONNES

Pour les gaufres :
4 œufs bio
200 g de farine
½ sachet de levure chimique
1 pincée de sel
20 cl de lait entier
5 cl de bière blonde
30 g de beurre
1 cuil. à soupe de sucre vanillé

Pour la crème au citron et ciboulette :
4 cuil. à soupe de yaourt grec
1 échalote
½ botte de ciboulette
1 citron jaune non traité
1 petite boîte d'œufs de lompe
Sel fin et poivre du moulin

ÉTAPE 1

Sépare les jaunes des blancs d'œufs.
Dans un saladier, mélange la farine, la levure et le sel, puis incorpore le lait et les jaunes d'œufs au fur et à mesure en fouettant bien, ajoute ensuite la bière et le beurre préalablement fondu.
Monte les blancs en neige, ajoute le sucre vanillé, cela va donner une consistance plus meringuée.
Incorpore-les délicatement au mélange à l'aide d'une maryse. Laisse reposer la pâte quelques minutes, le temps de préparer tes condiments.

ÉTAPE 2

Épluche et hache l'échalote. Lave, sèche et cisèle la ciboulette.
Dans un petit saladier, mélange le yaourt grec avec l'échalote, le jus et le zeste de citron finement râpé.
Sale et poivre. Verses-en la moitié dans un ramequin, parsème de ciboulette, puis verse le reste de crème dessus et étale-la légèrement à la cuillère sur la ciboulette.
Dépose par-dessus les œufs de lompe.

ÉTAPE 3

Verse l'appareil à gaufres dans le gaufrier chaud, forme de jolies gaufres bien dorées pendant le temps requis selon ton appareil et sers-les sur une assiette avec une serviette, accompagnées de ton ramequin de crème au citron et ciboulette.

CONSEILS

- Tu peux varier les herbes et les épices selon tes goûts.
- Tu peux servir le ramequin de crème au citron et ciboulette sur de la glace pilée.

BRICKS DE POULET RÔTI ÉPICÉ ET FETA

TEMPS DE PRÉPARATION : 25 MINUTES - TEMPS DE CUISSON : 25 MINUTES

POUR 4 PERSONNES

4 feuilles de brick
4 filets de poulet
200 g de feta
2 brins de thym
1 oignon
¼ de botte de menthe
¼ de botte de coriandre
100 g de sauce tomate très réduite
1 pincée de curry en poudre
20 g de raisins secs
2 blancs d'œufs bio
20 g de beurre
Huile d'olive
Sel fin et poivre du moulin

ÉTAPE 1

Préchauffe ton four à 180 °C.
Dans un plat, sale et poivre les filets de poulet, ajoute un trait d'huile et le beurre, le thym et enfourne pour 20 minutes.
Recouvre de papier aluminium à la sortie du four afin d'éviter que le poulet ne sèche.

ÉTAPE 2

Épluche et cisèle l'oignon, taille les filets de poulet cuits en petits cubes.
Hache la coriandre et la menthe. Garde de petites feuilles des deux herbes pour la décoration des assiettes. Coupe la feta en petits cubes de 0,5 cm de côté.
Réserve le tout séparément.
Mélange la sauce tomate réduite avec la poudre de curry, gardes-en 2 cuillerées à soupe de côté pour en mettre au centre des assiettes, le reste servira pour la liaison du mélange au poulet.

ÉTAPE 3

Dans une poêle chaude, verse un trait d'huile d'olive et l'oignon, laisse cuire quelques minutes, puis ajoute le poulet. Laisse cuire jusqu'à ce que la viande caramélise légèrement, 2 à 3 minutes à feu vif.
Dans un saladier, dépose le poulet rôti en cubes, ajoute les herbes, mélange avec la sauce tomate au curry, ajoute les raisins secs et assaisonne avec du sel fin.

ÉTAPE 4

Découpe des lanières de feuille de brick de 5 à 6 cm de large et dépose sur le haut un petit tas du mélange précédent avec des petits cubes de feta, referme selon la technique des samoussas à l'aide d'un pinceau trempé dans le blanc d'œuf.
Tu peux aussi passer le blanc d'œuf tout le long de la feuille de brick.

ÉTAPE 5

Dans une poêle chaude, verse un peu d'huile d'olive et colore les bricks quelques minutes à feu vif sur chaque face pour qu'elles soient croustillantes. Dans les assiettes, dépose des feuilles de coriandre et de menthe, au centre 1 cuillerée à café de sauce tomate et les bricks, saupoudre d'un peu de curry.

MA TARTIFLETTE CROUSTILLANTE

TEMPS DE PRÉPARATION : 20 MINUTES - TEMPS DE CUISSON : 45 MINUTES

POUR 4 PERSONNES

3 pommes de terre bintje (de bonne taille)
1 cuil. à café de gros sel
1 reblochon
1 oignon
150 g de lardons fumés
3 feuilles de pâte filo
100 g de beurre + 15 g pour le moule
5 cornichons français
Huile d'olive
Sel fin et poivre du moulin

ÉTAPE 1

Épluche les pommes de terre et lave-les. Dans une casserole d'eau froide, plonge les pommes de terre avec le gros sel et laisse-les cuire 20 minutes.
Puis égoutte-les et coupe-les en petits cubes. Réserve-les dans une assiette. Coupe le reblochon en fines lamelles.
Épluche et émince l'oignon finement.

ÉTAPE 2

Dans une poêle chaude, verse un trait d'huile d'olive, puis une noix de beurre, ajoute l'oignon, sale, poivre et fais revenir quelques minutes à feu moyen.
Quand l'eau de végétation s'est évaporée, intègre les lardons et fais-les griller sur feu vif. Laisse caraméliser légèrement puis ajoute les pommes de terre, mélange-les et réserve hors du feu.

ÉTAPE 3

Préchauffe ton four à 185 °C.
Beurre un moule à tarte. Dépose dans le moule une première feuille de filo beurrée d'un côté à l'aide d'un pinceau, puis continue à beurrer les autres feuilles de filo et dépose-les au fur et à mesure dans le plat en changeant chaque fois de sens pour former un cercle.

ÉTAPE 4

Répartis dans le fond du moule le mélange oignon, lardons, pommes de terre, couvre avec les lamelles de reblochon. Replie les côtés des feuilles de filo vers le centre de la tarte pour bien refermer (tu peux rebeurrer au pinceau si besoin) et enfourne pour 20 minutes.

ÉTAPE 5

Quand la tarte est bien dorée, démoule-la délicatement avec une spatule. Dépose-la dans un plat de service et ajoute les cornichons préalablement coupés en lamelles.

CONSEIL

Tu peux servir cette tartiflette avec une beau mélange de mesclun.

BURGER DE POISSON PANÉ

TEMPS DE PRÉPARATION : 20 MINUTES - TEMPS DE CUISSON : 6 MINUTES

POUR 4 PERSONNES

4 pains à burgers ou buns
4 pavés de lieu de 150 g chacun
40 g de farine
2 blancs d'œufs bio
50 g de chapelure
2 avocats
4 à 8 feuilles de salade au choix
2 oignons nouveaux
1 morceau de cheddar vintage
25 g de beurre demi-sel
Huile d'olive
Sel fin

Pour la sauce :
1 cuil. à soupe de mayonnaise
1 cuil. à café de sauce sriracha
1 cuil. à café de sauce huître
Le jus d'½ citron jaune non traité

ÉTAPE 1

Mélange dans un bol la mayonnaise avec la sauce sriracha, la sauce huître et le jus de citron. Réserve. Coupe les buns en deux dans la largeur.

ÉTAPE 2

Dans trois assiettes creuses, verse la farine, les blancs d'œufs, puis la chapelure. Assaisonne les pavés de poisson avec du sel fin, puis passe-les en premier dans la farine, tapote-les pour retirer l'excédent, ensuite dans les blancs d'œufs, et enfin dans la chapelure. Dépose les pavés panés dans une assiette au frais le temps de finir ta recette.

ÉTAPE 3

Coupe l'avocat en deux, retire le noyau à l'aide du talon de ton gros couteau de cuisine : tape ton couteau le long de ton évier d'un coup sec, cela fera tomber le noyau en toute sécurité. N'essaie pas de l'enlever à la main. Épluche à la main les moitiés d'avocat et coupe-les en tranches fines en gardant la forme du demi-avocat, puis appuie légèrement dessus pour les aplatir. Réserve dans une assiette. Coupe la salade en lanières d'1 cm de large et émince les oignons nouveaux. Réserve-les séparément.

ÉTAPE 4

Fais chauffer deux poêles, une avec un trait d'huile d'olive, puis ajoute un morceau de beurre, laisse-le mousser et légèrement colorer, puis mets les pavés de poisson à dorer à feu moyen au bout de 3 minutes, retourne-les et continue la cuisson encore 3 minutes à feu moyen. Dans l'autre poêle en même temps, dépose uniquement du beurre et laisse mousser sans trop de coloration, dépose les buns côté mie et laisse-les dorer. Quand ils sont bien dorés, retire-les et place-les dans un plat.

ÉTAPE 5

Grille les demi-avocats en tranches à l'aide d'un chalumeau dans une assiette.

ÉTAPE 6

Sur le fond des buns, étale 1 cuillerée de sauce, dépose un peu de salade, 1 demi-avocat grillé et par-dessus le poisson pané, 1 cuillerée de sauce, de la salade et des oignons, râpe du cheddar et referme avec le chapeau. Sers les burgers de poisson pané bien chauds.

OMELETTE AUX CHAMPIGNONS, CRÈME AU VIN JAUNE

TEMPS DE PRÉPARATION : 15 MINUTES - TEMPS DE CUISSON : 25 MINUTES

POUR 4 PERSONNES

500 g de champignons de Paris
1 gousse d'ail
2 cuil. à soupe de persil
12 œufs bio
10 cl d'eau
50 g de parmesan
1 cuil. à soupe de noisettes
5 cl de vin jaune
2 cuil. à soupe de crème fraîche épaisse
25 g de beurre
Huile d'olive
Sel fin et poivre du moulin

ÉTAPE 1

Coupe les pieds terreux et lave les champignons, taille-les en grosses lamelles. Épluche et hache la gousse d'ail et le persil. Dans une poêle chaude, verse un trait d'huile d'olive, dépose les champignons, sale, mélange et laisse sortir l'eau naturelle sur feu vif. Dépose un morceau de beurre, donne une belle coloration, poivre et ajoute l'ail et le persil. Réserve les champignons dans une assiette.

ÉTAPE 2

Dans un saladier, casse les œufs, verse l'eau, bats-les à l'aide d'une fourchette. Sale et poivre. Dans une poêle froide, dépose une belle noix de beurre, laisse-le fondre, verse les œufs, laisse cuire sans toucher sur feu moyen jusqu'à ce que les œufs soient pris sur les bords. Ensuite, à l'aide d'une maryse, commence à touiller légèrement le milieu de l'omelette en ramenant les œufs du bas vers le haut pendant quelques secondes. Dépose en haut de l'omelette les champignons poêlés, râpe un peu de parmesan et ajoute quelques noisettes concassées, puis plie le côté de l'omelette vers toi (la poignée) en haut de la poêle et fais comme un rouleau vers le bord en forme de croissant. Pour la cuisson, si tu préfères l'omelette bien baveuse, arrête-la, sinon continue quelques minutes. Une omelette doit être généralement blanche en cuisson, mais pour plus de gourmandise tu peux la dorer avec une noix de beurre.

ÉTAPE 3

Dans un plat long, renverse la poêle, ton omelette sera dans le bon sens comme un gros croissant.
Dans la même poêle, verse le vin jaune, laisse-le réduire à feu doux, ajoute la crème fraîche et mélange-la pour qu'elle devienne onctueuse. Assaisonne avec du sel et du poivre. Verse la crème sur l'omelette.
S'il te reste des champignons, tu peux les ajouter sur l'omelette avec un peu de fromage râpé et du persil haché.

CONSEILS

- Change la garniture, par exemple de petits cubes de jambon, et sers cette omelette avec des pommes de terre sautées.
- Tu peux aussi ajouter 1 à 2 cuillerées à soupe de mascarpone dans les œufs battus pour rendre l'omelette bien onctueuse.

COQUILLES DE POISSON GRATINÉES

TEMPS DE PRÉPARATION : 30 MINUTES - TEMPS DE CUISSON : 50 MINUTES

POUR 4 PERSONNES

4 coquilles Saint-Jacques
200 g de poisson blanc type lieu
2 blancs de poireaux lavés
1 litre de court-bouillon
50 g de farine
5 cl de crème liquide
1 citron jaune non traité
50 g de chapelure fine
80 g de beurre
Huile d'olive
Sel fin et poivre du moulin

ÉTAPE 1

Rince sous un filet d'eau froide le poisson et les noix de Saint-Jacques. Garde bien les coquilles et lave-les. Dépose le tout sur une feuille de papier absorbant. Coupe le morceau de poisson en gros cubes et les noix en deux dans la longueur.
Taille les poireaux en deux dans la longueur et émince-les finement. Dépose-les dans un saladier.

ÉTAPE 2

Dans une sauteuse chaude, verse un trait d'huile d'olive et 10 g de beurre, ajoute les poireaux, sale et laisse cuire doucement pendant 20 minutes jusqu'à ce qu'ils deviennent bien fondants sans trop de coloration, réserve-les dans une assiette.

ÉTAPE 3

Dans une casserole, où se trouve le court-bouillon chaud, plonge les cubes de poisson et les noix de Saint-Jacques. Laisse-les cuire 4 minutes sur feu très doux.
Égoutte-les et dépose-les sur une assiette. Garde bien le bouillon de cuisson.

ÉTAPE 4

Dans une seconde casserole, fais fondre 50 g de beurre, ajoute la farine, mélange 15 minutes pour que l'amidon cuise sans coloration. Verse le bouillon de cuisson du poisson, 25 cl au début, puis ajoutes-en si la sauce est trop épaisse, elle doit rester onctueuse. Laisse-la cuire quelques minutes, verse la crème et le jus du citron, garde le zeste prélevé à la Microplane® dans un petit bol pour le dressage si tu le souhaites, assaisonne avec du sel et du poivre.

(suite de la recette) **COQUILLES DE POISSON GRATINÉES**

ÉTAPE 5

Préchauffe ton four sur le mode gril à 230 °C.
Dans les coquilles, étale au fond 1 cuillerée à soupe de fondue de poireaux et pose dessus les morceaux de poisson et de noix de Saint-Jacques.
Nappe de sauce et saupoudre de chapelure, puis dépose 4 à 5 petites noix de beurre (à peu près 5 g par coquille).
Place sous le gril et fais gratiner 7 minutes. Au terme de la cuisson, ajoute ton zeste sur les coquilles gratinées.

CONSEIL

Tu peux laver les coquilles de Saint-Jacques au lave-vaisselle, comme ça, tu les garderas plus longtemps.

SAINT-JACQUES RÔTIES, TOPINAMBOURS, CRÈME AU RHUM

TEMPS DE PRÉPARATION : 25 MINUTES - TEMPS DE CUISSON : 40 MINUTES

POUR 4 PERSONNES

16 grosses noix de Saint-Jacques
200 g de bardes de Saint-Jacques
500 g de topinambours
50 cl de lait
50 cl d'eau
1 cuil. à café de gros sel
1 échalote
10 cl de vin blanc
5 cl de rhum ambré
33 cl de crème liquide entière
Quelques brins de cerfeuil
Huile d'olive
20 g + 30 g de beurre demi-sel
Fleur de sel
Sel fin et poivre du moulin

ÉTAPE 1

Dans une casserole, plonge les topinambours épluchés dans le lait et l'eau froids avec du gros sel. Laisse-les cuire 15 minutes. Au terme de la cuisson, égoutte-les et réserve-les dans un saladier filmé. Tu peux aussi les couper en morceaux avant de les cuire. Nettoie les noix et les bardes de Saint-Jacques (ce sont les membranes autour de la noix que tu enlèves ou que le poissonnier a préparées).

ÉTAPE 2

Dans une sauteuse chaude, verse un trait d'huile d'olive, ajoute l'échalote ciselée finement, laisse-la cuire quelques minutes sans coloration, puis dépose les bardes de Saint-Jacques et laisse l'eau naturelle s'évaporer sur feu vif. Ajoute une noix de beurre, baisse le feu et fais-les caraméliser sur feu moyen. Déglace au vin blanc, laisse réduire quelques minutes aux trois quarts, puis verse les trois quarts du rhum, laisse encore réduire et incorpore la crème. Laisse mijoter sur feu doux pendant 15 minutes.

ÉTAPE 3

Passe la sauce à la passette fine dans une seconde petite casserole. Si cela n'a pas assez de goût pour toi, rajoute un peu de rhum, puis sale et poivre. Ajoute une noix de beurre et fais mousser à l'aide de ton mixeur, cela te donnera une belle mousse à déposer sur tes assiettes.

ÉTAPE 4

Sale les noix de Saint-Jacques, fais chauffer une poêle avec un trait d'huile d'olive, colore les noix côté tranche (côté où l'on ouvre la coquille Saint-Jacques), puis retourne-les, ajoute une noix de beurre et arrose-les du beurre de cuisson.

ÉTAPE 5

Écrase les topinambours à la fourchette avec une noix de beurre, sale et poivre. Dans chaque assiette, dépose 1 cuillerée à soupe d'écrasé de topinambours, 4 noix de Saint-Jacques bien rangées, parsème de fleur de sel, dépose quelques cuillerées de crème au rhum bien mousseuse. Décore avec le cerfeuil.

GRATIN DE POISSON AUX LÉGUMES CITRONNÉS

TEMPS DE PRÉPARATION : 25 MINUTES - TEMPS DE CUISSON : 35 MINUTES

POUR 4 PERSONNES

300 g de filet de haddock
300 g de filet de saumon
800 g de pommes de terre
1 carotte
½ bulbe de fenouil
3 tomates
100 g de mimolette vieille
½ botte de persil
1 botte de ciboulette
1 citron non traité
Huile d'olive
Sel fin et poivre du moulin

ÉTAPE 1

Lave et épluche les pommes de terre et la carotte. Lave le demi-fenouil et les tomates (épépine-les). Coupe le fenouil et les tomates en dés. Coupe les pommes de terre en cubes et rince-les bien. Râpe la carotte et la mimolette. Lave et cisèle le persil et la ciboulette. Dépose les légumes préparés dans des bols séparément.

ÉTAPE 2

Dans une casserole d'eau froide salée, plonge les pommes de terre en cubes et laisse-les cuire 15 minutes. Au terme de la cuisson, égoutte-les, puis dépose-les dans un saladier, ajoute un généreux filet d'huile d'olive, sale, poivre. Écrase les pommes de terre à l'aide d'un presse-purée ou d'une fourchette.

ÉTAPE 3

Coupe en gros cubes le saumon et le haddock. Dépose-les dans une assiette. Préchauffe ton four à 190 °C.

ÉTAPE 4

Dans un saladier, dépose la carotte râpée, les dés de fenouil et de tomate avec la mimolette et les herbes ciselées. Ajoute le zeste du citron prélevé à la Microplane® et son jus. Mélange bien. Dépose le mélange dans un plat à gratin en une couche, puis pose par-dessus les cubes de poisson.

ÉTAPE 5

Recouvre le tout de l'écrasé de pommes de terre. Enfourne pour 20 minutes. Déguste juste à la sortie du four, avec une salade verte croquante.

CONSEIL

Si tu le souhaites, recouvre le gratin de chapelure et de beurre pour apporter du croustillant.

BOUILLON JAPONAIS AUX BOULETTES DE VIANDE ET LÉGUMES D'HIVER

TEMPS DE PRÉPARATION : 15 MINUTES - TEMPS DE CUISSON : 30 MINUTES

POUR 4 PERSONNES

Pour le bouillon :
2 litres d'eau minérale
1 feuille d'algue kombu
1 petite poignée de bonite séchée
5 cuil. à soupe de sauce soja
2 gousses d'ail

Pour les légumes :
2 choux pak choï
8 champignons de Paris
1 carotte
50 g de pousses de soja fraîches

Pour les boulettes :
400 g de blanc de poulet
20 g de blanc de poireau
1 cuil. à soupe de gingembre
2 cuil. à soupe de saké
2 cuil. à soupe de sauce soja
2 cuil. à soupe de Maïzena®
Sel fin et poivre du moulin

ÉTAPE 1

Dans une casserole, verse l'eau avec le kombu, porte à ébullition. Prépare la bonite séchée dans un carré de mousseline ou une poche à thé en tissu, plonge-la dans le bouillon et laisse cuire à petit frémissement pendant 15 minutes. Retire la poche de bonite et le kombu. Ajoute la sauce soja et l'ail épluché, râpé à la Microplane®, mélange et laisse chauffer à feu doux.

ÉTAPE 2

Coupe le pied terreux des champignons, puis lave-les ainsi que les choux. Taille les branches des choux en deux, puis en morceaux, taille en quartiers les champignons. Épluche la carotte, coupe-la en deux dans la longueur, puis en rondelles en biais. Plonge tous les légumes ainsi que les pousses de soja dans le bouillon.

ÉTAPE 3

Taille le blanc de poulet en petits dés, afin qu'il soit presque haché. Taille aussi le blanc de poireau en tout petits dés, râpe le gingembre à la Microplane®. Dans un saladier, mélange la viande avec le saké, la sauce soja, le poireau, le gingembre, la Maïzena® et assaisonne avec du sel et du poivre. Forme des boulettes à l'aide d'une cuillère et plonge-les dans le bouillon à petit frémissement. Laisse cuire 15 à 20 minutes.

ÉTAPE 4

Dans un grand plat creux, dépose les légumes avec les boulettes, puis verse le bouillon chaud dessus et sers.

CONSEIL

Tu peux servir ce bouillon avec de la coriandre, de la ciboule, de la ciboulette ciselées.

FILET DE BŒUF AU POIVRE À LA CRÈME

TEMPS DE PRÉPARATION : 15 MINUTES - TEMPS DE CUISSON : 15 MINUTES

POUR 4 PERSONNES

- 4 pavés de bœuf de 150 g chacun
- 1 oignon
- 3 cuil. à soupe de poivre noir mignonnette
- 4 cuil. à soupe de cognac
- 10 cl de vin blanc
- 30 cl de crème liquide entière
- 2 cuil. à soupe de jus de viande maison (recette page 56)
- 2 poignées de pousses d'épinards
- Vinaigre balsamique blanc
- Huile d'olive
- 15 g de beurre
- Sel fin et poivre du moulin

ÉTAPE 1

Laisse bien la viande à température ambiante 2 heures avant de la cuisiner.
Épluche et cisèle finement l'oignon, réserve-le dans un petit bol.
Assaisonne les pavés de bœuf avec du poivre noir mignonnette uniquement. Dans une poêle chaude, verse un trait d'huile et saisis la viande à feu vif avec une légère coloration, retire les pavés de la poêle et dépose-les dans une assiette.

ÉTAPE 2

Dans la même poêle, dépose le beurre, laisse-le colorer et ajoute l'oignon, fais-le suer, déglace au cognac, laisse réduire 1 à 2 minutes, verse le vin blanc, poursuis la réduction, ajoute la crème liquide et le jus de viande. Sale la crème et coupe le feu à ce moment-là.

ÉTAPE 3

Dans un saladier, mélange les pousses d'épinards avec de l'huile d'olive et du vinaigre, assaisonne avec du sel et du poivre, sers à côté. Réchauffe la viande dans la crème et arrose-la. Sers aussitôt.

CONSEIL

Tu peux servir ce plat avec des pâtes, des céréales, des légumes selon ton envie et la saison.

JUS DE VIANDE MAISON

TEMPS DE PRÉPARATION : 1 HEURE - TEMPS DE CUISSON : 2 HEURES

POUR 4 PERSONNES

Pour le bouillon de volaille :
1 poulet d'1 kg
1 petite poignée de gros sel
1 cuil. à café de grains de poivre
1 clou de girofle
1 feuille de laurier
1 branche de thym frais
1 carotte
1 poireau
1 oignon

Pour le jus de viande :
300 g de parures de viande de bœuf
½ cuil. à café de grains de poivre
1 clou de girofle
1 branche de thym frais
1 feuille de laurier
1 gousse d'ail
15 g de beurre
8 cl de vin blanc
3 champignons
84 cl de bouillon de volaille (minimum)
Huile de pépins de raisin
Sel fin et poivre du moulin

ÉTAPE 1

Dans une marmite, verse de l'eau froide et le gros sel, plonge ton poulet, porte à ébullition. Écume, puis baisse le feu. Si tu n'as que des ailerons de poulet, fais la même opération, mais il y aura plus d'écume, c'est normal, pas de panique. Ne remue jamais le bouillon de volaille si tu veux qu'il soit clair à partir de maintenant. Quand c'est bien écumé, baisse le feu. Ajoute les grains de poivre, le clou de girofle, le laurier et le thym.

ÉTAPE 2

Lave tes légumes (l'oignon, le poireau et la carotte) et épluche-les. Taille-les en petits cubes. Garde-les séparément dans des bols. Ajoute la moitié des légumes dans ton bouillon (l'autre moitié servira pour le jus dans l'étape 3) et laisse cuire 1 heure à petit bouillon. Ton poulet doit être bien cuit. Égoutte-le à la fin de la cuisson et garde-le pour préparer une salade, une farce pour des ravioles... Passe le bouillon à l'aide d'une louche à travers une passette. Il doit avoir un goût assez prononcé, s'il est léger, tu peux encore le faire réduire. Dans ce cas, après l'avoir passé, fais-le chauffer dans une casserole propre, ne le sale surtout pas car la réduction concentre les saveurs.

ÉTAPE 3

Dans une sauteuse large chaude, verse un trait d'huile, ajoute les parures de bœuf coupées en petits morceaux (c'est mieux pour libérer les saveurs et les sucs que les gros morceaux). N'assaisonne pas. Laisse colorer la viande, ajoute les grains de poivre et le clou de girofle, continue à cuire 1 minute à feu moyen en caramélisant.

Intègre alors le reste de la garniture aromatique (l'autre moitié des légumes, les champignons lavés et coupés grossièrement, le thym, le laurier, la gousse d'ail entière non pelée), laisse bien caraméliser et prendre de la coloration au fond de la sauteuse quelques minutes (il faut que ça accroche pour que les sucs se forment). Ajoute le beurre, mélange, toujours sur feu moyen, déglace au vin blanc, laisse bien réduire de trois quarts.

ÉTAPE 4

Mouille 3 fois à hauteur avec 18 cl de ton bouillon de volaille (ou un autre bouillon acheté) et laisse cuire 12 minutes chaque fois sur feu doux. Pour la dernière cuisson, verse 30 cl de bouillon et laisse cuire 15 minutes. Passe à la passette en pressant et fais réduire à nouveau le jus de viande jusqu'à ce qu'il nappe ta cuillère à soupe. Pas besoin de mettre du beurre ou un liant.

ÉTAPE 5

Sers ce jus de viande avec tes viandes rouges.

CONSEILS

- Tu peux faire un bouillon de volaille plus exotique : asiatique, par exemple, avec du gingembre, de la coriandre, de la citronnelle, du poivre de la Jamaïque. Mais aussi avec de la mélisse et des herbes du jardin, en fonction de ce que tu as.
- Tu peux aussi varier les légumes du bouillon : fenouil, champignon, céleri, navet...
- Déglace le jus de viande avec du vin rouge, du vinaigre de Xérès, du banyuls, ou encore du porto rouge.
- Pour accompagner du veau, fais la même recette avec de la viande de veau et, pour un jus de volaille, utilise des ailerons de poulet rôtis au four, que tu coupes en petits morceaux à la place du bœuf.

FILET DE BŒUF WELLINGTON

TEMPS DE PRÉPARATION : 30 MINUTES - TEMPS DE RÉFRIGÉRATION : 2 HEURES
TEMPS DE CUISSON : 30 MINUTES

POUR 4 PERSONNES

1 morceau de filet de bœuf de 400 à 500 g sans gras
10 champignons de Paris
1 oignon
3 cuil. à soupe de moutarde
3 tranches très fines de jambon de Parme
1 pâte feuilletée de 33 cm de long sur 30 cm de large
2 jaunes d'œufs bio
15 g de beurre demi-sel
Huile d'olive
Fleur de sel
Sel fin et poivre du moulin

ÉTAPE 1

Coupe les pieds des champignons, lave-les et hache-les. Épluche et cisèle l'oignon. Dans une poêle chaude, verse un trait d'huile d'olive, ajoute l'oignon, le beurre demi-sel, puis les champignons hachés, sale et mélange, laisse sortir l'eau naturelle, puis laisse cuire à feu vif jusqu'à ce que les champignons commencent à colorer légèrement, environ 10 minutes en tout. Poivre et verse dans une assiette pour que ça refroidisse plus vite.

ÉTAPE 2

Assaisonne le morceau de bœuf avec du sel et du poivre. Dans une poêle chaude, verse un trait d'huile d'olive, colore-le uniquement quelques minutes à feu vif, sans le cuire, pour éviter que le bœuf ne perde du sang pendant la cuisson. Dépose-le dans une assiette.

ÉTAPE 3

L'idéal est que tu fasses cette opération le midi pour faire l'étape 4 le soir. Nappe le bœuf de moutarde à l'aide d'un pinceau. Sur ton plan de travail, déroule ton rouleau de film alimentaire, dépose dessus les tranches de jambon de Parme, par-dessus le mélange de champignons, puis le bœuf, enroule et ferme le film en serrant, puis dépose au frais au moins 2 heures.

(suite de la recette) **FILET DE BŒUF WELLINGTON**

ÉTAPE 4

Préchauffe ton four à 210 °C.
Étale la pâte feuilletée sur ta planche à découper, nappe de jaune d'œuf au pinceau, pose dessus le rouleau de bœuf défilmé, puis enroule-le dans la pâte feuilletée et rabats les côtés sur le dessous. Nappe à nouveau de jaune d'œuf. Décore à la pointe de ton couteau. Dépose le feuilleté sur une plaque à pâtisserie recouverte d'une feuille de silicone ou d'un papier sulfurisé. Parsème de fleur de sel. Enfourne pour 19 minutes.

ÉTAPE 5

Sors du four, laisse reposer 5 minutes. Commence à couper avec ton couteau-scie la pâte feuilletée, puis le filet de bœuf avec un couteau à lame fine afin de trancher la viande. Sers avec un jus de viande maison (recette page 56).

CONSEIL

Tu peux accompagner le bœuf Wellington d'un gratin d'artichauts ou d'une purée de pommes de terre.

ESCALOPE MILANAISE, SALADE CAPRESE

TEMPS DE PRÉPARATION : 20 MINUTES - TEMPS DE CUISSON : 6 MINUTES

POUR 4 PERSONNES

Pour les escalopes milanaise :
4 escalopes de veau
100 g de farine
3 œufs bio
100 g de chapelure de pain
200 g de beurre clarifié
1 gousse d'ail
1 branche de thym
Sel fin et poivre du moulin

Pour la salade caprese :
4 petites poignées de roquette
100 g de tomates cerise datterino
Mini-boules de mozzarella
1 cuil. à soupe de vinaigre balsamique rouge
1 cuil. à café de miel de fleurs
Huile d'olive
4 feuilles de basilic
Fleur de sel
Sel fin et poivre du moulin

ÉTAPE 1

Étale les escalopes sur ton plan de travail et tape-les pour les attendrir (tu peux aussi demander à ton boucher de les préparer). Assaisonne-les avec du sel et du poivre, puis pane-les : passe-les dans la farine, puis dans les œufs battus et enfin dans la chapelure.

ÉTAPE 2

Fais chauffer ta poêle avec le beurre clarifié à 180 °C, ajoute l'ail haché et le thym effeuillé, dépose les escalopes, fais-les dorer jusqu'à la couleur blonde 2 minutes, et retourne-les délicatement, colore-les de nouveau 2 minutes et retire de la cuisson. Dépose les escalopes milanaise dans les assiettes. Elles vont reposer quelques minutes le temps que tu prépares la salade.

ÉTAPE 3

Dans un petit bol, verse le vinaigre avec le miel et 2 cuillerées à soupe d'huile d'olive, mélange bien. Dans un saladier, verse la roquette bien lavée, assaisonne-la avec cette vinaigrette, sale et poivre.

ÉTAPE 4

Répartis la salade dans les assiettes avec les escalopes milanaise, ajoute les tomates cerise lavées et coupées en deux, les petites boules de mozzarella, 1 feuille de basilic coupée à la minute. Assaisonne avec de la fleur de sel. Verse quelques gouttes d'huile d'olive sur la mozzarella.

CONSEIL

Tu peux préparer ta chapelure maison. Prends quelques tranches de pain de mie, enlève les croûtes. Fais sécher une nuit à l'air libre dans un endroit chaud (près d'un radiateur). Le lendemain, mixe pour obtenir une chapelure maison. Tu peux la conserver au frais dans une boîte hermétique pendant quelques jours. Tu peux aussi réaliser une chapelure avec un pain de campagne.

RIZ CANTONAIS AU JAMBON

TEMPS DE PRÉPARATION : 20 MINUTES- TEMPS DE CUISSON : 10 MINUTES

POUR 4 PERSONNES

120 g de riz thaï parfumé
4 tranches de jambon blanc de 0,5 cm d'épaisseur
100 g de petits pois frais ou congelés
1 petit oignon
1 gousse d'ail
3 œufs bio
3 cuil. à soupe de sauce soja
Huile neutre
2 poignées de gros sel
Poivre du moulin

ÉTAPE 1

Coupe les tranches de jambon en petits cubes de 0,5 cm de côté. Garde-les dans un petit bol.
Plonge les petits pois dans une casserole d'eau bouillante salée et laisse-les cuire 4 à 5 minutes, égoutte-les et plonge-les dans un bain d'eau glacée pendant 1 à 2 minutes pour éviter qu'ils se gorgent d'eau.
Dépose-les sur une feuille de papier absorbant.

ÉTAPE 2

Fais cuire le riz dans une casserole d'eau bouillante salée selon les indications du paquet et égoutte-le sans le rincer.
Épluche et cisèle l'oignon, épluche et hache l'ail.

ÉTAPE 3

Dans un wok chaud, verse un trait d'huile, fais revenir l'oignon et l'ail avec une légère coloration quelques minutes, puis pousse-les sur le côté du wok, bats les œufs en omelette dans un saladier, verse-les dans le wok et commence à les cuire comme des œufs brouillés. Ajoute le riz par-dessus et mélange délicatement, intègre les petits pois, mélange de nouveau, verse la sauce soja et finis par les dés de jambon.

ÉTAPE 4

Poivre légèrement à la fin et sers dans un plat ou directement dans les assiettes.

CONSEIL

Si tu n'as pas de wok, utilise une sauteuse.

BLANQUETTE DE VEAU

TEMPS DE PRÉPARATION : 20 MINUTES - TEMPS DE CUISSON : 50 MINUTES

POUR 4 PERSONNES

850 g de veau à blanquette
en morceaux de 70 g
1 oignon
3 carottes
3 feuilles de chou vert
2 champignons de Paris
1 botte de ciboulette
50 g de farine
75 g + 10 g de beurre
15 cl de crème liquide entière
Huile d'olive
1 cuil. à café de gros sel de cuisine
Sel fin et poivre du moulin

ÉTAPE 1

Plonge la viande dans une casserole d'eau bouillante salée avec le gros sel de cuisine et laisse bouillir 5 minutes. Égoutte la viande à l'aide d'une écumoire dans une assiette ou un plat. Laisse de côté.

ÉTAPE 2

Épluche les carottes et l'oignon. Taille les carottes en rondelles, coupe l'oignon en quatre. Lave et coupe les feuilles de chou en trois. Taille les pieds terreux des champignons et lave-les, coupes-en un en quartiers, émince l'autre en tranches fines et réserve-les séparément. Lave et cisèle la ciboulette.

ÉTAPE 3

Dans une cocotte remplie à moitié d'eau, dépose les feuilles de chou, les carottes, les oignons, les quartiers de champignon, les morceaux de veau précuits (les ingrédients doivent être recouverts d'eau, tu peux en ajouter si nécessaire), porte à ébullition, puis baisse le feu. Laisse cuire 30 minutes.

Au terme de la cuisson, passe le bouillon à travers une passette dans un saladier et dépose les légumes et le veau dans une casserole propre.

ÉTAPE 4

Dans une casserole, fais fondre les 75 g de beurre, ajoute la farine, mélange à l'aide d'un fouet et laisse cuire sans coloration pendant 12 minutes sur feu très doux pour former un roux blanc et bien cuire l'amidon. Verse ensuite le bouillon de cuisson de la viande de veau et des légumes encore tiède. Fouette bien, ajoute la crème liquide, mélange, puis vérifie l'assaisonnement de la sauce. Dépose la viande et les légumes dedans. Mélange délicatement.

ÉTAPE 5

Dans une poêle chaude, verse un trait d'huile d'olive, mets les champignons émincés, assaisonne avec du sel fin. Laisse-les colorer doucement, ajoute une noix de beurre et du poivre.

ÉTAPE 6

Dans un plat, dépose la blanquette, les champignons par-dessus et parsème de ciboulette ciselée. Sers ton plat chaud.

CHICKEN BUTTER

TEMPS DE PRÉPARATION : 20 MINUTES - TEMPS DE MARINADE : 20 MINUTES
TEMPS DE CUISSON : 30 MINUTES

POUR 4 PERSONNES

4 filets de poulet
1 oignon
2 gousses d'ail
1 petit morceau de gingembre frais
10 g de noix de cajou
50 g de concentré de tomate
1 cuil. à soupe de moutarde
1 cuil. à soupe de garam masala
Le jus d'1 citron jaune non traité
1 cuil. à soupe de tandoori masala
1 cuil. à café de cannelle en poudre
1 cuil. à café de cumin en poudre
1 cuil. à café de curcuma en poudre
500 g de concassé de tomates
400 g de yaourt grec
¼ de botte de coriandre fraîche
25 g de beurre clarifié
Huile d'olive
Sel fin

CONSEIL

Tu peux remplacer le tandoori et le garam masala par ton propre mélange d'épices indien : graines de fenouil, poivre noir, paprika en poudre, cannelle en poudre, coriandre en graines, cumin en poudre, fenugrec, graines de moutarde, curcuma moulu, clous de girofle, noix de muscade râpée. Il faut moudre toutes ces épices pour obtenir ton mélange.

ÉTAPE 1

Coupe les filets de poulet en cubes. Épluche l'oignon, l'ail et le gingembre. Cisèle l'oignon, dégerme l'ail. Râpe l'ail et le gingembre. Réserve les légumes séparément. Réduis en poudre les noix de cajou.

ÉTAPE 2

Dans un plat, mélange le concentré de tomate avec la moutarde, le garam masala, 1 pincée de sel et le jus de citron jaune, dépose les morceaux de poulet dans cette préparation, nappe-les bien et laisse mariner au moins 20 minutes à température ambiante.

ÉTAPE 3

Dans une cocotte chaude, verse le beurre clarifié, fais colorer l'oignon à feu moyen, ajoute l'ail et le gingembre et laisse cuire quelques minutes. Ajoute le tandoori, la cannelle, le cumin, le curcuma, verse un trait d'eau, laisse réduire, puis ajoute le concassé de tomates et la poudre de cajou, laisse cuire 10 minutes à feu doux.

ÉTAPE 4

Dans une poêle chaude, verse un trait d'huile, saisis les morceaux de poulet marinés à feu vif. Retourne-les pour les colorer sur toutes les faces. Pendant ce temps, ajoute le yaourt grec à la sauce et mélange. Donne un bouillon léger.
Verse le tout dans un blinder et mixe 1 minute.
Passe au chinois la sauce dans la cocotte.
Dépose les morceaux de poulet colorés dans la sauce.

ÉTAPE 5

Dans un plat de service, mets le poulet avec la sauce, décore de feuilles de coriandre et sers bien chaud.

MAGRET DE CANARD AIGRE-DOUX, POLENTA AU BEURRE NOISETTE

TEMPS DE PRÉPARATION : 20 MINUTES - TEMPS DE CUISSON : 15 MINUTES

POUR 4 PERSONNES

3 ou 4 magrets de canard
Sel fin

Pour la marinade des magrets :
2 cuil. à soupe de sauce huître
2 cuil. à soupe de sauce soja
125 g de purée de poires
100 g de purée d'ananas
3 cuil. à soupe de miel
4 cuil. à soupe de pâte de piment rouge

Pour la polenta :
125 g de polenta à la farine de maïs précuite
50 cl de bouillon de volaille
1 cuil. à soupe de mascarpone
20 g de beurre

ÉTAPE 1

Préchauffe ton four à 180 °C.
Dans un saladier, verse la sauce huître, la sauce soja, les purées de fruits, le miel et la pâte de piment. Mélange et réserve. Sur la planche, dépose les magrets, coupe le gras sur les bords pour bien les ajuster. Au couteau, quadrille le gras sur toute la surface de chaque magret. Assaisonne le gras et la chair avec du sel fin.

ÉTAPE 2

Dans une poêle chaude sans matière grasse, colore les magrets des deux côtés à feu vif : en premier, le gras en aplatissant bien à l'aide d'une spatule, puis la chair. Il faut que le gras soit doré, croustillant (environ 2 minutes) et la chair bien saisie (environ 1 minute). Dépose les magrets dans un plat à four, badigeonne bien le gras avec la marinade et enfourne pour 4 minutes.

ÉTAPE 3

Dans une seconde poêle, verse le beurre et donne-lui une couleur noisette, ajoute la polenta, mélange, verse le bouillon chaud et laisse cuire 4 à 5 minutes sur feu doux. Quand la polenta est à bonne consistance mousseuse, incorpore le mascarpone et mélange.

ÉTAPE 4

Sors du four les magrets, laisse-les reposer 5 minutes et tranche-les. Nappe-les de jus de cuisson. Sers-les avec la polenta.

CONSEILS

- Si tu ne sers pas la polenta tout de suite, elle va se raffermir et il faudra rajouter du bouillon.
- La cuisson du magret est rosé, si tu souhaites une cuisson à point, allonge le temps de 3 ou 4 minutes.

CONSEIL :

Si tu fais le hachis la veille, prépare la crème de parmesan le jour même. Elle ne se garde pas au frais.

HACHIS PARMENTIER DE CANARD, CRÈME DE PARMESAN

TEMPS DE PRÉPARATION : 55 MINUTES - TEMPS DE CUISSON : 25 MINUTES

POUR 4 PERSONNES

2 cuisses de canard confit
600 g de pommes de terre bintje
20 cl de lait entier
100 g de beurre
1 oignon
4 champignons de Paris
3 tomates mûres
20 cl de bouillon cube
2 poignées de roquette
1 botte de ciboulette
Vinaigre de vin
Huile d'olive
Sel fin et poivre du moulin

Pour la crème de parmesan :
50 cl de crème liquide entière
50 g de parmesan râpé

ÉTAPE 1
Épluche et taille les pommes de terre en cubes, plonge-les dans une casserole d'eau froide salée et fais-les cuire 15 minutes jusqu'à ce qu'elles soient bien cuites, égoutte-les et passe-les au presse-purée au-dessus d'une casserole avec la moitié du lait chaud et 15 g de beurre. Mélange la purée et assaisonne avec du sel fin. Si elle est trop épaisse, tu peux rajouter un peu de lait et du beurre comme tu aimes.

ÉTAPE 2
Dans une casserole, verse la crème liquide et fais-la réduire 20 minutes de moitié à feu doux, ajoute le parmesan râpé, mélange et garde de côté.

ÉTAPE 3
Pendant que les pommes de terre cuisent, épluche et cisèle l'oignon, lave et émince les champignons, coupe les tomates en morceaux. Garde-les séparément. Dans une cocotte chaude, verse un trait d'huile d'olive, fais revenir l'oignon à feu doux pour obtenir une coloration blonde, ajoute les champignons, laisse sortir l'eau naturelle, fais-la réduire quelques minutes, puis ajoute les tomates et verse le bouillon. Laisse cuire 5 minutes.

ÉTAPE 4
Pendant ce temps, préchauffe ton four sur le gril à 240 °C. Coupe les cuisses de canard en petits cubes. Ajoute-les dans la cocotte sans le gras et laisse cuire 10 minutes de plus.

ÉTAPE 5
Dans un plat, étale la viande mijotée, répartis la purée par-dessus, nappe de crème de parmesan. Enfourne et fais gratiner 4 minutes. Sers avec la roquette assaisonnée avec de l'huile d'olive et du vinaigre, ajoute la ciboulette ciselée.

FAIT MAISON
SUCRÉ

TARTE TATIN

TEMPS DE PRÉPARATION : 25 MINUTES - TEMPS DE RÉFRIGÉRATION : 2 HEURES
TEMPS DE CUISSON : 1 HEURE

POUR 4 PERSONNES

Pour la pâte sucrée :
150 g de beurre pommade
95 g de sucre glace
30 g de poudre d'amandes
1 œuf bio
250 g de farine
1 pincée de sel fin

Pour le caramel :
100 g de sucre en poudre
2 cuil. à soupe d'eau

Pour les pommes :
4 pommes à cuire (ex : saint-aubin...)
30 g de sucre en poudre
1 gousse de vanille
70 g de beurre doux

ÉTAPE 1

Prépare la pâte sucrée dans un robot multifonction, au batteur muni d'une feuille ou à la main dans un saladier : mélange le beurre pommade avec le sucre glace, la poudre d'amandes et l'œuf.
Mélange énergiquement, puis ajoute la farine avec le sel. Tu dois obtenir une pâte lisse. Couvre le saladier d'un film alimentaire ou d'un torchon et laisse reposer ta pâte au réfrigérateur 2 heures.

ÉTAPE 2

Pour le caramel, verse le sucre et l'eau dans une petite casserole et laisse-le cuire à caramel blond, à feu moyen et mélange délicatement pour homogénéiser la couleur. Au terme de la coloration, verse-le dans un moule à manqué.

ÉTAPE 3

Mélange le sucre avec les graines de la gousse de vanille fendue et grattée. Lave, épluche et coupe tes pommes en gros quartiers, retire bien les pépins. Dans une poêle, dépose le beurre, laisse-le chauffer et dépose les quartiers de pomme, saupoudre de sucre vanillé. Laisse caraméliser quelques minutes, puis verse les pommes sur une plaque avec le jus de cuisson.

ÉTAPE 4

Préchauffe ton four à 180 °C.
Range les pommes côté bombé sur le caramel les unes à côté des autres et bien serrées dans le moule. Verse dessus le jus de cuisson.

ÉTAPE 5

Sors la pâte sucrée du réfrigérateur, étale-la au rouleau un peu épaisse, 4 mm, d'un diamètre 3 cm plus grand que celui du moule à manqué, dépose-la sur les pommes et rabats la pâte sur les bords. Enfourne pour 40 minutes.

ÉTAPE 6

Sors la tarte du four et dépose-la sur une grille, laisse-la refroidir ou, si tu la retournes tout de suite sur un plat, attention à ne pas te brûler !

CONSEIL

Quand tu retournes la tarte, tu peux vider un peu de jus dans un bol, tu t'en serviras pour faire briller les pommes à l'aide d'un pinceau.

MOUSSE CROUSTILLANTE CHOCOLAT NOISETTE

TEMPS DE PRÉPARATION : 15 MINUTES - TEMPS DE CUISSON : 5 MINUTES
TEMPS DE RÉFRIGÉRATION : 1 HEURE

POUR 4 PERSONNES

Pour la mousse :

125 g de chocolat blanc
10 cl + 25 cl de crème liquide entière à 35 % de MG
60 g de pâte à tartiner à la noisette
30 g de mascarpone
80 g + 40 g de copeaux de chocolat noir

Pour le croustillant :

10 g de Gavottes®
1 pincée de fleur de sel
9 g de graines de sésame

ÉTAPE 1

Dans un saladier au bain-marie, fais fondre le chocolat blanc coupé en petits morceaux avec 10 cl de crème liquide et mélange pour que l'appareil soit bien lisse, retire le saladier du bain-marie et ajoute la pâte à tartiner.
Dans un saladier bien froid, monte les 25 cl de crème liquide bien froide avec le mascarpone pour obtenir une crème Chantilly bien ferme.

ÉTAPE 2

Mélange la crème Chantilly à la préparation au chocolat blanc et intègre les 80 g de copeaux de chocolat à l'aide d'une maryse. Verse dans des ramequins ou un grand plat. Parsème de 40 g de copeaux de chocolat noir. Réserve au frais au moins 1 heure.

ÉTAPE 3

Dans un petit bol, mélange les Gavottes® émiettées avec la fleur de sel et le sésame préalablement torréfié 1 minute dans une poêle à sec. Répartis ce mélange sur la mousse au moment de servir.

CONSEIL

Tu peux remplacer les Gavottes® par du biscuit au chocolat ou des spéculoos sur le même principe.

FONDANT CHOCOLAT, CARAMEL BEURRE SALÉ

TEMPS DE PRÉPARATION : 20 MINUTES - TEMPS DE CUISSON : 40 MINUTES

POUR 4 PERSONNES

Pour le caramel beurre salé :
160 g de sucre en poudre
80 g de beurre demi-sel
20 cl de crème liquide entière

Pour le fondant au chocolat :
200 g de chocolat noir
200 g de beurre demi-sel + pour le moule
50 g de caramel beurre salé maison
5 œufs bio
180 g de sucre en poudre
20 g de farine + pour le moule

ÉTAPE 1

Pour faire ton caramel au beurre salé, verse le sucre dans une sauteuse et laisse-le fondre et colorer à caramel blond un peu foncé. Ajoute le beurre coupé en petits cubes, mélange à l'aide d'une spatule sur feu très doux, n'hésite pas à retirer de la cuisson si tu vois que cela commence à brunir. Verse la crème doucement sans te brûler et continue à mélanger pour faire réduire le caramel pendant 3 à 4 minutes. Il ne s'épaissira pas tout de suite. Verse-le ensuite dans un saladier ou un grand bol. Laisse-le refroidir à température ambiante et, quand il sera bien tiède, verse-le dans un bocal, que tu fermeras quand le caramel sera bien froid.

ÉTAPE 2

Préchauffe ton four à 210 °C.
Dans un saladier, dépose le chocolat noir concassé au bain-marie et fais-le fondre. Retire le saladier du bain-marie d'eau chaude et ajoute le beurre en morceaux dans le chocolat, mélange au fouet pour obtenir une pâte bien lisse. Incorpore 50 g de caramel beurre salé et mélange de nouveau.

ÉTAPE 3

Dans un second saladier, fouette les œufs et le sucre pour obtenir un mélange mousseux. Verse dans le mélange au chocolat.
Ajoute la farine.

ÉTAPE 4

Verse dans le moule beurré et fariné, aux trois quarts de la hauteur. Enfourne pour 5 minutes. Baisse la température du four à 120 °C et enfourne à nouveau pour 25 minutes.

ÉTAPE 5

Au terme de la cuisson, laisse tiédir, voire refroidir dans le moule.
Démoule sur une assiette et retourne le fondant sur une seconde assiette pour le servir.

CITRON FEUILLE SOUFFLÉ

TEMPS DE PRÉPARATION : 20 MINUTES - TEMPS DE CUISSON : 12 MINUTES

POUR 4 PERSONNES

4 gros citrons jaunes de Menton ou bio
10 g de jus de citron jaune (récupéré de l'intérieur des gros citrons)
3 g de zestes de citron jaune non traité (autre citron si tu n'en as pas assez)
12,5 cl de lait entier
9 g de Maïzena®
13 g + 60 g de sucre en poudre
2 jaunes d'œufs bio + 3 blancs
Sucre glace

ÉTAPE 1

Lave tes citrons. Coupe l'arrière très légèrement juste pour qu'ils tiennent debout, puis taille un quart de leur hauteur. Tu peux garder le jus et le zeste de cette partie, tu en auras besoin. Avec un petit couteau, fais le tour de la chair et creuse légèrement pour en retirer le maximum, garde la pulpe des citrons dans un bol. À l'aide d'une cuillère à café, continue à creuser le long des parois sans perforer le fond. Récupère le jus et mets-le avec le reste. N'essaie pas d'enlever toutes les parois blanches. Dépose les citrons préparés sur une plaque ou dans un plat.

ÉTAPE 2

Mixe la pulpe et passe-la à la passette fine pour récupérer le jus, réserve.
Préchauffe ton four à 180 °C.

ÉTAPE 3

Dans une casserole, mélange à froid le lait, la Maïzena®, les 13 g de sucre et les zestes de citron, mets à chauffer et porte à ébullition, laisse cuire comme une crème pâtissière sur feu doux 2 à 3 minutes.
Verse dans un saladier et mélange pour que la préparation tiédisse. Incorpore les jaunes d'œufs et le jus de citron. Mélange-les et réserve.

Tu peux préparer tes citrons à l'avance, dans ce cas, protège-les d'une feuille de papier absorbant humide au frais.

(suite de la recette) **CITRON FEUILLE SOUFFLÉ**

ÉTAPE 4

Dans un second saladier, monte les blancs d'œufs en neige. Lorsqu'ils sont bien mousseux, verse les 60 g de sucre. Mélange avec la crème pâtissière.
Verse dans une poche à douille, coupe aux ciseaux un bout assez large pour éviter de casser l'appareil.
Garnis les citrons jusqu'à 0,5 cm du bord, et fais cuire 7 à 9 minutes au four sur une plaque à pâtisserie selon la grosseur de tes citrons et ton four.
Il faut les surveiller.

ÉTAPE 5

Sors les citrons, saupoudre de sucre glace et sers tout de suite.

CONSEILS

- Si tu as trop de jus de citron, place-le au congélateur. Au frais trop longtemps, il pourrait fermenter.
- Tu peux faire cette recette avec des oranges, clémentines, pamplemousses (petits), citrons yuzu.

POIRE BELLE-HÉLÈNE, CRÈME CHANTILLY

TEMPS DE PRÉPARATION : 15 MINUTES - TEMPS DE CUISSON : 20 MINUTES

POUR 4 PERSONNES

Pour les poires au sirop :
4 poires fraîches et mûres
400 g de sucre en poudre
1 citron jaune non traité
1 orange non traitée
1 gousse de vanille
1 étoile de badiane
1 bâton de cannelle

Pour la chantilly :
25 cl de crème liquide entière à 35 % de MG
15 g de sucre glace
1 gousse de vanille

Pour la sauce chocolat et amandes :
8 cl de lait entier
8 cl de crème liquide entière
25 g de sucre en poudre
100 g de chocolat noir
30 g d'amandes effilées

ÉTAPE 1

Lave, épluche les poires, coupe-les en deux dans la hauteur et retire le cœur.
Fais toaster les amandes au four pendant 10 minutes à 180 °C, bien étalées sur une plaque à pâtisserie.
Laisse-les refroidir au terme de la cuisson.

ÉTAPE 2

Dans une casserole, verse 1 litre d'eau, ajoute le sucre, mélange pour le faire fondre, puis mets les zestes de citron et d'orange prélevés à l'économe, la pulpe et la gousse de vanille grattée et les épices. Porte à ébullition, puis baisse le feu et plonge les demi-poires, laisse-les cuire 10 à 12 minutes. Vérifie la cuisson avec la pointe d'un petit couteau qui doit rentrer facilement, égoutte-les à l'aide d'une écumoire et dépose-les dans une assiette.
Puis tranche-les finement sur ta planche.

ÉTAPE 3

Dans un saladier bien froid, verse la crème liquide froide avec le sucre glace et la pulpe de la gousse de vanille grattée. Monte en chantilly et réserve au frais.

ÉTAPE 4

Dans une casserole, fais bouillir le lait et la crème avec le sucre, verse sur le chocolat coupé en morceaux, mélange et laisse de côté.

ÉTAPE 5

Dépose les poires tranchées dans les assiettes, verse sur le côté 1 cuillerée à soupe de sauce chocolat et 1 cuillerée en forme de quenelle de chantilly, ajoute quelques amandes effilées toastées.

FINANCIER AU CASSIS ET MARRON GLACÉ

TEMPS DE PRÉPARATION : 10 MINUTES - TEMPS DE CUISSON : 35 MINUTES

POUR 4 PERSONNES

3 marrons glacés
100 g de beurre + pour le moule
60 g de farine + pour le moule
90 g de poudre d'amandes
100 g de sucre glace
1 pincée de sel fin
1 gousse de vanille
4 blancs d'œufs bio
30 g de confiture de cassis

Pour la décoration du financier :
2 marrons glacés
1 cuil. à soupe de confiture de cassis
1 cuil. à soupe d'eau

ÉTAPE 1
Préchauffe ton four à 190 °C.
Coupe tous les marrons glacés en quatre. Dans une poêle, dépose le beurre et fais-le fondre à couleur noisette. Débarrasse dans un ramequin.

ÉTAPE 2
Dans un saladier, mélange la farine, la poudre d'amandes, le sucre glace, le sel fin et la pulpe de la gousse de vanille grattée. Incorpore les blancs d'œufs un à un au fouet, puis la confiture de cassis.
Remue et ajoute le beurre noisette tiède, voire froid, mais pas figé.

ÉTAPE 3
Verse dans le moule beurré et fariné, à moitié, dépose des morceaux de marron glacé, puis recouvre avec le reste d'appareil à biscuit.
Enfourne pour 35 minutes.

ÉTAPE 4
Au terme de la cuisson, démoule sur une grille.
Mélange la confiture de cassis et l'eau pour obtenir un coulis. Nappe le financier de ce coulis de cassis à l'aide d'un pinceau et dépose les morceaux de marron glacé au centre.

GÂTEAU RENVERSÉ À L'ANANAS

TEMPS DE PRÉPARATION : 20 MINUTES - TEMPS DE CUISSON : 40 MINUTES

POUR 4 PERSONNES

1 ananas Victoria
90 g + 240 g de sucre en poudre
2 cuil. à soupe d'eau
120 g de yaourt nature
3 œufs bio
5 cl d'huile de tournesol
150 g de farine
1 sachet de levure chimique
Beurre pour le moule

ÉTAPE 1
Épluche l'ananas complètement et retire bien les yeux dans la chair en faisant le tour avec ton couteau. Coupe ensuite des tranches régulières de 0,5 cm d'épaisseur, retire le centre un peu dur à l'aide d'un vide-pomme ou avec le bout d'une douille. Préchauffe ton four à 180 °C.

ÉTAPE 2
Dans une poêle, verse les 90 g de sucre avec l'eau et fais un caramel blond : laisse cuire sur feu moyen sans remuer environ 3 minutes. Dépose les tranches d'ananas dans la poêle, laisse caraméliser jusqu'à ce qu'elles commencent à dorer. Retire de la cuisson et range les tranches d'ananas caramélisées dans un moule à manqué beurré, avec le caramel.

ÉTAPE 3
Dans un saladier, verse le yaourt, les 240 g de sucre, ajoute les œufs, l'huile et mélange. Incorpore ensuite la farine et la levure chimique. Mélange à nouveau. Verse l'appareil dans le moule à manqué sur les ananas. Enfourne pour 35 minutes.

ÉTAPE 4
Au terme de la cuisson, démoule le gâteau sur un plat pour le servir.

CONSEIL

Tu peux remplacer l'ananas par des tranches de fruits coupées en rondelles (par exemple : orange sanguine sans les écorces).

POMMES AU FOUR, AMANDES ET MIEL

TEMPS DE PRÉPARATION : 25 MINUTES - TEMPS DE CUISSON : 1 H 30

POUR 4 PERSONNES

4 pommes à cuire (chantecler, reine des reinettes, saint-aubin...)
1 œuf bio
25 g + 5 g de beurre à température ambiante
25 g de sucre en poudre
25 g de poudre d'amandes
10 g de farine
1 zeste d'orange non traitée
1 cuil. à soupe de miel

Pour les noisettes caramélisées :
60 g de noisettes blanches entières
40 g de sucre en poudre
10 g d'eau

CONSEILS

- Choisis des pommes bio ou non traitées, ou de petits producteurs. J'ai utilisé des pommes saint-aubin de taille standard pour cette recette, réduis le temps de cuisson si tu utilises des petites pommes.
- Si tu n'as pas le temps de préparer les noisettes caramélisées, tu peux les remplacer par des fruits secs taillés finement, des pralines roses ou des dragées concassées.

ÉTAPE 1

Caramélise d'abord les noisettes : dans une casserole, verse l'eau et le sucre, porte à ébullition. Au bout de quelques minutes, quand ça commence à blondir, ajoute les noisettes, mélange en veillant à bien les enrober. Débarrasse sur une plaque à pâtisserie recouverte de papier sulfurisé. Quand les noisettes sont bien froides, concasse-les en petits morceaux au couteau.

ÉTAPE 2

Préchauffe ton four à 190 °C.
Dans un saladier, mélange 25 g de beurre ramolli avec le sucre pour faire une sorte de crème. Ajoute la poudre d'amandes et la farine, puis l'œuf, le zeste d'orange finement râpé et 30 g de noisettes caramélisées concassées. Verse l'appareil dans une poche.

ÉTAPE 3

Lave et épluche les pommes. Retire au couteau l'intérieur sans aller trop à l'extrémité, dépose-les dans le plat de cuisson. Au pinceau, passe un peu de beurre fondu et de miel mélangés partout sur les pommes.
Garnis-les de la préparation à l'amande à l'aide de la poche.
Verse 2 cuillerées à soupe d'eau dans le fond du plat.
Enfourne pour 20 minutes.
Au bout de ce temps, dépose une feuille de papier d'aluminium sur ton plat, enfourne à nouveau pour 1 heure, toujours à la même température.

ÉTAPE 4

Quand les pommes sont colorées, dépose-les dans les assiettes, parsème du reste de noisettes caramélisées et concassées. Sers-les seules ou avec un sorbet de ton choix, au yaourt par exemple.

TARTE FINE AUX MIRABELLES

TEMPS DE PRÉPARATION : 20 MINUTES - TEMPS DE CUISSON : 20 MINUTES

POUR 4 PERSONNES

400 g de mirabelles (40 pièces)
3 feuilles de brick
75 g de beurre
4 cuil. à soupe de miel
90 g de tapioca

ÉTAPE 1

Lave et coupe les mirabelles en deux, puis dénoyaute-les. Préchauffe ton four à 180 °C.

ÉTAPE 2

Fais fondre le beurre et le miel séparément. Au pinceau, nappe de beurre fondu les feuilles de brick recto et dépose-les dans un cercle à tarte ou un plat en porcelaine de 24 cm de diamètre. Verse le tapioca sur les feuilles de brick pour faire un lit.

ÉTAPE 3

Range les mirabelles sur le tapioca en les faisant un peu se chevaucher. Nappe au pinceau d'un peu de beurre fondu mélangé à 2 cuillerées à soupe de miel. Enfourne pour 20 minutes.

ÉTAPE 4

Au terme de la cuisson, démoule délicatement, la tarte reste assez fragile. Nappe du reste de miel.

CONSEILS

- Ce qui est bien avec le tapioca, c'est qu'il boit le jus des fruits : figues, mirabelles, pamplemousse, oranges, framboises, fraises...
- Cette tarte est très rapide à faire et tu peux varier les plaisirs : amandes concassées, noix de cajou, pépites de chocolat (quand c'est froid), raisins secs (gonflés au rhum). Tu peux aussi la parsemer de fruits à coque à la sortie du four.

CAKE À LA VANILLE

TEMPS DE PRÉPARATION : 20 MINUTES - TEMPS D'INFUSION : 15 MINUTES
TEMPS DE CUISSON : 40 MINUTES - TEMPS DE REPOS : 1 HEURE

POUR 4 PERSONNES

2 gousses de vanille
3 cuil. à soupe de lait
4 œufs bio
100 g + 50 g de sucre en poudre
1 sachet de sucre vanillé
200 g de beurre bien pommade
150 g de farine
8 g de levure chimique
1 pincée de sel fin
60 g de poudre d'amandes
10 g de beurre pour le moule

Pour le sirop :
30 g de sucre en poudre
2 gousses de vanille
9 cl d'eau
3 cl de rhum ambré

Pour le glaçage :
15 g de blanc d'œuf bio (1 petit œuf bio)
90 g de sucre glace
1 cuil. à café de vanille en poudre

ÉTAPE 1

Fais chauffer le lait avec la pulpe des 2 gousses de vanille grattées quelques secondes. Arrête le feu et couvre pour laisser infuser 15 minutes. Préchauffe ton four à 170 °C. Beurre un moule à cake droit.

ÉTAPE 2

Sépare les blancs des jaunes d'œufs. Dans un saladier, bats les jaunes avec les 100 g de sucre, ajoute le sucre vanillé et fouette au batteur à main jusqu'à ce que le mélange blanchisse et mousse. Incorpore le beurre mou en petits dés, fouette pour obtenir une crème blanchâtre bien homogène. Verse le lait vanillé, passé (sans les gousses) et refroidi, et bats à nouveau. Intègre la farine, la levure et le sel et mélange à la maryse, puis au batteur, incorpore enfin la poudre d'amandes et mélange à nouveau avec la maryse. Tu obtiendras une pâte crémeuse.

ÉTAPE 3

Dans un second saladier, bats les blancs d'œufs en neige et, quand ils sont à moitié montés, verse les 50 g de sucre. Mélange avec une grosse cuillerée de la première préparation pour homogénéiser l'appareil, puis incorpore le reste et mélange délicatement à la maryse. Verse dans le moule, lisse bien le dessus à l'aide d'une spatule coudée et enfourne pour 40 minutes. Laisse refroidir le cake sur une grille.

ÉTAPE 4

Prépare le sirop dans une casserole : verse l'eau, le sucre, les gousses de vanille fendues et grattées et leur pulpe, fais chauffer en mélangeant pour dissoudre le sucre. Coupe le feu, ajoute le rhum, verse le tout dans un récipient. Quand le cake est cuit, nappe-le de sirop à l'aide d'un pinceau et laisse reposer. Dépose une bande de papier sur le cake pour éviter de faire des marques de grille et démoule-le, imbibe-le de sirop sur tous les côtés. Laisse-le refroidir complètement.

ÉTAPE 5

Dans un ramequin, mélange le blanc d'œuf avec la moitié du sucre glace, pour obtenir une pâte lisse, puis ajoute le reste du sucre glace et continue à mélanger. Incorpore enfin la poudre de vanille. Glace le cake à l'aide d'une spatule coudée. Laisse sécher 1 heure à température ambiante.

TARTE AUX MENDIANTS

TEMPS DE PRÉPARATION : 20 MINUTES - TEMPS DE CUISSON : 27 MINUTES

POUR 4 PERSONNES

1 rouleau de pâte sablée ou sucrée
100 g de beurre mou + pour le cercle
100 g de sucre en poudre
1 gousse de vanille
2 œufs bio
100 g de poudre d'amandes
50 g d'amandes
50 g de noisettes
100 g de cerneaux de noix
100 g de figues séchées
100 g de raisins blonds secs
2 cuil. à soupe de miel liquide

ÉTAPE 1

Préchauffe ton four à 180 °C.
Dans un saladier, crème le beurre avec le sucre (action de mélanger le beurre et le sucre) et la pulpe de la gousse de vanille grattée. Dans un petit bol, bats les œufs et incorpore-les au mélange beurre/sucre, puis intègre la poudre d'amandes. Forme au fouet une crème onctueuse.

ÉTAPE 2

Dans un cercle à tarte beurré, étale la pâte à tarte, fonce bien les bords et, sur le fond, passe le rouleau à pâtisserie tout du long de la tarte pour couper les bords bien droit. Pique le fond avec une fourchette. Dépose la crème d'amandes que tu viens de faire et, à l'aide du dos d'une cuillère, étale-la dans le fond de la tarte.

ÉTAPE 3

Concasse grossièrement les amandes et les noisettes. Coupe en quatre les cerneaux de noix et en petits dés les figues séchées. Mélange tous les fruits secs avec les raisins dans un petit saladier.
Répartis les fruits sur la crème d'amandes.
Verse le miel sur les fruits. Enfourne pour 27 minutes.

ÉTAPE 4

Au terme de la cuisson, démoule et dépose sur une grille.

ANANAS ET MANGUE SAFRANÉS, CRÈME À LA VANILLE

TEMPS DE PRÉPARATION : 15 MINUTES - TEMPS DE RÉFRIGÉRATION : 1 HEURE

POUR 4 PERSONNES

Pour les fruits safranés :

1 ananas
1 mangue
25 cl de jus de fruit de la Passion
Quelques pincées de safran en poudre
8 biscuits à la cuillère
1 orange non traitée

Pour la crème à la vanille :

12,5 cl de crème liquide entière
50 g de mascarpone
1 jaune d'œuf bio
35 g de sucre en poudre
1 gousse de vanille

ÉTAPE 1

Épluche l'ananas à l'aide de ton couteau-scie et n'oublie pas d'enlever les yeux dans la chair, coupe l'ananas en rondelles, puis en dés. Épluche la mangue, taille-la en petits dés.
Garde les fruits dans un saladier avec 1 cuillerée à soupe de jus de fruit de la Passion et 1 à 2 pincées de safran en poudre, mélange délicatement.

ÉTAPE 2

Coupe en deux les biscuits à la cuillère, puis recoupe chaque moitié en 5 morceaux. Garde-les de côté.

ÉTAPE 3

Dans un saladier, mélange au batteur à main la crème liquide bien froide avec le mascarpone en chantilly. Dans un second saladier, fouette le jaune d'œuf avec le sucre et les graines de la gousse de vanille, puis mélange les deux appareils délicatement à la maryse.

ÉTAPE 4

Dans les verres, dépose le mélange de fruits safranés, recouvre des morceaux de biscuit à la cuillère imbibés dans le jus de fruit de la Passion, puis de la crème à la vanille. Place au réfrigérateur au moins 1 heure.

ÉTAPE 5

Quand tu sors tes verres du réfrigérateur, râpe du zeste d'orange sur le dessus et, à l'aide d'une pointe de couteau, dépose quelques points de safran.

FEUILLETÉS ROULÉS À LA CANNELLE

TEMPS DE PRÉPARATION : 20 MINUTES - TEMPS DE CUISSON : 35 MINUTES

POUR 4 PERSONNES

2 rouleaux de pâte feuilletée
20 g de beurre + pour le moule
1 cuil. à soupe de miel fondu
Farine pour le moule

Pour le beurre de cannelle :
100 g de beurre demi-sel pommade
25 g de noisettes
25 g d'amandes blanches
25 g de pistaches
90 g de sucre de canne
1,5 cuil. à café de cannelle en poudre
35 g de pépites de chocolat noir

Pour le glaçage :
40 g de sucre en poudre
6 cl d'eau
1 trait d'eau de fleur d'oranger

ÉTAPE 1
Concasse les noisettes, les amandes et les pistaches. Mélange-les dans un petit bol.
Préchauffe ton four à 190 °C.

ÉTAPE 2
Dans un saladier, mélange le beurre demi-sel pommade, le sucre de canne et la cannelle. Étale tes pâtes feuilletées l'une sur l'autre. Nappe de beurre parfumé à l'aide d'une spatule et parsème de fruits secs, puis de pépites de chocolat.

ÉTAPE 3
Roule les pâtes en boudin en serrant légèrement, coupe en deux, puis recoupe chaque moitié en 5 morceaux. Dépose-les dans un moule à manqué un peu plus large (pour éviter que les feuilletés touchent les bords du moule), beurré et fariné.
Nappe de beurre préalablement fondu et de miel.
Enfourne pour 35 minutes.

ÉTAPE 4
Dans une petite casserole, verse les 40 g de sucre avec l'eau, porte à ébullition quelques secondes, ajoute l'eau de fleur d'oranger. Laisse de côté.

ÉTAPE 5
Au terme de la cuisson des feuilletés, démoule tout de suite car le caramel va coller au moule, en faisant très délicatement le tour avec une lame de couteau (attention à ne pas abîmer le moule !).
Nappe avec un peu de glaçage.

CONSEILS

- Si tu as d'autres fruits secs, remplace par ce que tu as dans tes placards. Si tu n'as rien, tu peux ne mettre que de la cannelle et du chocolat.
- Tu peux aussi ajouter un peu de vanille dans le glaçage.

MOELLEUX AUX POIRES

TEMPS DE PRÉPARATION : 10 MINUTES - TEMPS DE CUISSON : 40 MINUTES

POUR 4 PERSONNES

200 g de poires
4 œufs bio
130 g de sucre en poudre
110 g de farine
6 g de levure chimique
70 g de beurre
Beurre et farine pour le moule

ÉTAPE 1

Préchauffe ton four à 180 °C. Beurre et farine un moule à gâteau rond. Lave et épluche les poires, puis coupe-les en morceaux.

ÉTAPE 2

Dans un saladier, fouette les œufs avec le sucre, ajoute la farine et la levure, puis le beurre préalablement fondu et refroidi.

ÉTAPE 3

Dépose les morceaux de poire dans le fond du moule à gâteau et coule l'appareil dessus.
Enfourne pour 40 minutes, vérifie la cuisson à l'aide de la pointe d'un couteau.

ÉTAPE 4

Sors le gâteau du four, laisse-le refroidir ou déguste-le un peu tiède.

CONSEIL

Tu peux parfumer ce moelleux à la cannelle et remplacer les poires par des pommes. Fais sauter ces fruits à la poêle avec un peu de beurre et de sucre. Ajoute des zestes d'agrume.

GRANOLA MAISON, AGRUMES

TEMPS DE PRÉPARATION : 20 MINUTES - TEMPS DE CUISSON : 20 MINUTES

POUR 4 PERSONNES

Pour le granola :
50 g d'amandes avec la peau
50 g de noisettes entières
20 g de graines de tournesol
60 g de raisins blonds
100 g de flocons d'avoine
80 g de cranberries
30 g de gingembre confit au sucre
100 g d'ananas séché ou confit
80 g d'écorces d'orange confite
100 g d'écorces de citron cédrat confit
70 g de sirop de coco

Pour le yaourt et les agrumes :
6 cuil. à soupe de yaourt grec ou de fromage blanc
1 pamplemousse
1 orange non traitée
2 clémentines de Corse

CONSEILS

- À la place du sirop de coco, tu peux mettre 30 g de miel + 40 g de sirop d'érable dans le granola.
- À toi de créer ton propre granola selon la saison, utilise les fruits qui sont sur les étals des marchés.

ÉTAPE 1

Préchauffe ton four à 180 °C. Taille en dés les fruits confits (gingembre, ananas, orange et cédrat).

ÉTAPE 2

Mélange dans un saladier tous les ingrédients du granola avec le sirop de coco et étale le tout sans écraser sur une feuille de silicone, dépose sur une plaque à pâtisserie. Enfourne pour 20 minutes.

ÉTAPE 3

Au terme de la cuisson, retire le granola de la plaque et laisse refroidir. Garde dans une boîte hermétiquement fermée.

ÉTAPE 4

Dans les bols, répartis le yaourt ou le fromage blanc sans le sucrer. Ajoute les fruits de saison coupés. Parsème de granola.

LES TITRES DE CYRIL LIGNAC AUX ÉDITIONS DE LA MARTINIÈRE

Partagez vos réalisations sur notre Instagram

@lamartiniere.cuisine #faitmaisonaveccyril

DÉPARTEMENT ÉDITORIAL ART DE VIE

Recettes et photographies :
Cyril Lignac et Aude Rambour

Responsable éditoriale :
Laure Aline

Correction :
Christine Cameau

Fabrication :
Mélanie Baligand et Carine Ruault

Conception et réalisation graphique :
Laurence Maillet

Connectez-vous sur :
www.editionsdelamartiniere.fr

ISBN : 978-2-7324-9841-6

Photogravure : Chromostyle

Achevé d'imprimer en avril 2021
Sur les presses de Pollina - 97216
Dépôt légal : mai 2021
Imprimé en France

FABRIQUÉ EN FRANCE